Schriften der Katholischen Akademie in Bayern
Herausgegeben von Franz Henrich
Band 139

ANGST UND RELIGION

Herausgegeben von
Heinrich von Stietencron

Mit Beiträgen von
Verena Günther, Hartmann Hinterhuber,
Ulrich Hommes, Peter Hünermann,
Hans Rotter
und Heinrich von Stietencron

Patmos Verlag
Düsseldorf

Die Deutsche Bibliothek – CIP-Einheitsaufnahme

Angst und Religion /
hrsg. von Heinrich von Stietencron.
Mit Beitr. von Verena Günther ... –
1. Aufl. – Düsseldorf : Patmos-Verl., 1991
(Schriften der Katholischen Akademie in Bayern ; Bd. 139)
ISBN 3-491-72246-2
NE: Stietencron, Heinrich von [Hrsg.]; Günther, Verena;
Katholische Akademie in Bayern <München>:
Schriften der Katholischen ...

 1. Auflage 1991
Umschlaggestaltung: Thomas Brink, Viersen
Gesamtherstellung: Lengericher Handelsdruckerei, Lengerich
3-491-72246-2

Inhalt

Vorwort des Herausgebers

Noch immer gibt es zuviel Angst auf dieser Welt. Es gibt sie in jenen Krisengebieten, wo unzählige Menschen durch Naturkatastrophen, Epidemien oder Kriege besitzlos, obdachlos und arbeitslos geworden und von Hunger, Krankheit und Tod unmittelbar bedroht sind. Es gibt sie auch, wo in diktatorischen Systemen Menschen mundtot gemacht, zur Unfreiheit verdammt, entrechtet und gefoltert werden. Es gibt sie, wo in demokratischen Systemen die kompetitive Selbstbehauptung und politische Lobby einer Bevölkerungsgruppe nicht ausreicht, um ihr echte Chancengleichheit zu sichern. Es gibt sie, wo der Zusammenbruch eines ganzen Wirtschaftssystems oder bestimmter Industriezweige ganze Bevölkerungsgruppen ihrer Existenzgrundlage beraubt oder wo Umweltkatastrophen das Land, die Flüsse, das Meer, die Luft und die Lebensmittel verseuchen.

Angst macht sich jedoch auch breit, wo eine funktionierende Leistungsgesellschaft üppigen Wohlstand sichert, wo das Netz der sozialen Fürsorge dicht geknüpft ist, wo der dringendste materielle Bedarf bei allen gedeckt wird: Vereinsamung, Sinnentleerung, Reizüberflutung und Streß sind nur einige der zahlreichen Faktoren, die dann eine Fülle von psychogenen Ängsten hervorrufen können, die von den Psychiatern und Psychologen durch sorgfältige begriffliche Scheidung näher bestimmt werden (Vgl. S. 85ff. in diesem Band).

Vielleicht gibt es, wenn man Abstumpfung und Gewöhnung als angstdämmende Polster mit einrechnet, heute weltweit nicht mehr und nicht größere Ängste, als es sie immer schon gab. Aber wir nehmen sie viel deutlicher und viel globaler wahr, sie erscheinen geballt auf den Fernsehschirmen, in den Zeitungen, im Radio, wo jeder Unfall, jede Katastrophe, jedes schwere Schicksal sofort als Information oder Sensation vermarktet wird.

Könnte es sein, daß in unserer sensationshungrigen Welt diejenigen Aspekte nicht ausreichend zu Wort kommen, die erfreulich, ermutigend, erfolgverheißend, zukunftsweisend sind oder ein Gefühl der Sicherheit vermitteln? Oder ist unsere Sensibilität für Gefahren größer geworden, weil diese Gefahren selber größer geworden sind als je zuvor?

Die Kulturgeschichte der Menschheit umfaßt – neben vielen anderen Entwicklungslinien – auch eine Geschichte des allmählichen Abbaus von Ängsten und der gleichzeitigen Entstehung immer neuer Ängste. Beteiligt waren an diesem Prozeß der Angsterzeugung und des Angstabbaus die belebte und unbelebte Natur, die menschliche Phantasie oder Fähigkeit zur Imagination, die Technik, die Religion und Philosophie, das Recht, die Politik und alle Wissenschaften.

Es ging nicht allein um Krankheit, Unglück, Leid und Tod, mit denen sich zu allen Zeiten menschliche Ängste verbanden. Es ging um die gesamte Umwelt mit ihrer Ambivalenz von Lebenskraft und rücksichtsloser Zerstörungsmacht. Bedrohungen durch übernatürliche Mächte, durch Naturgewalten und gefährliche Tiere verursachten zunächst wohl am meisten Angst und Schrecken. Allmählich gelang es mit Hilfe von Religion, Technik und Wissenschaft, die Gefahren der Natur zu beherrschen und die in ihnen wirkenden Gesetzmäßigkeiten zu durchschauen. Schon durch Erkenntnis wurde Angst verringert, durch schützende oder vorbeugende Maßnahmen wurde sie unnötig gemacht. Die Religion befriedete die machtvollen und gefährlichen Götter durch Riten, Opfer und Gebete, sie bannte die Dämonen, Geister und Gespenster und hielt sie zugleich alle im Bewußtsein lebendig und jederzeit bedrohlich verfügbar. Auch schuf sie durch Gebote und Verbote neue Ängste vor Sünden und Strafen im Diesseits und im Jenseits.

Mit der Entstehung von zunehmend arbeitsteiligen Gesellschaftsstrukturen entstanden hierarchische Sozialordnungen und Rechtsordnungen. Staatliche Organisationsformen sicherten erhöhten Schutz vor inneren und äußeren Feinden. Zugleich aber brachte diese Entwicklung neue Abhängigkeiten, sie brachte Strafandrohung, Unterwerfung unter Herrschaft und Gerichtsbarkeit machtvoller neuer Instanzen mit sich, die vorher unbekannte, sozial geschürte Ängste erzeugten.

Die Wissenschaften drangen auf der Suche nach Erkenntnis der Naturzusammenhänge nach außen bis zu den fernsten Galaxien des Weltalls, nach innen zu den kleinsten Bausteinen des Lebens und der Materie vor. Sie haben die vorher überall von Göttern oder göttlichen Mächten belebte Natur weitgehend entzaubert und den Menschen manche unbegründeten Ängste genommen. Sie falsifizierten aber auch alle Schöpfungsmythen, raubten damit dem Menschen seinen festen Ort und Halt in einem selbst konzipierten, auf ihn selbst bezogenen Kosmos mit eigener Heilsgeschichte und machten ihn von neuem zum gefährdeten, zum „unbehausten" Menschen. Auch hatten sie im medizinischen Bereich so große Erfolge, daß zahlreiche früher tödliche Krankheiten ihren Schrecken verloren und die Lebenserwartung sich in medizinisch gut versorgten Gebieten der Erde ganz beträchtlich erhöht hat. Kaum vorher bedacht und sicherlich so nicht gewollt waren jedoch die Auswirkungen dieser großen Leistung, die weltweit zu schwer kontrollierbaren Krisen führten. Die Bevölkerungszahlen stiegen explosionsartig an, es entstanden Versorgungsmangel, Armut und Elend in vielen Regionen der Welt, die vorher solchen Mangel nicht kannten, eine Plünderung der Rohstoffressourcen der Erde setzte ein, die wiederum neue Abhängigkeiten schuf und bedrohliche Zukunftsperspektiven erkennbar werden läßt.

Was schließlich die Technik betrifft, so ist es ihr zu verdanken, daß der Mensch sich durch Bauten schützen, durch Waffen verteidigen, durch Energiegewinnung und Produktion von Gebrauchs- und Luxusgütern das Leben leichter und angenehmer gestalten kann. Aber heute wächst uns die Technisierung unserer Welt bereits über den Kopf, sie verselbständigt sich und scheint kaum mehr kontrollierbar zu sein. Wir ersticken im Verkehr und in unseren Abfällen und bemerken alarmiert, aber fast schon zu spät die Verseuchung von Luft, Wasser und Erde. Waffen von unvorstellbarer Zerstörungskraft, die in aller Welt von kleinen und großen Potentaten begehrt werden und daher gewinnbringend verschachert werden können, bedrohen uns mit vielfach potenziertem Overkill. Ängste, die früher den einzelnen, seine Familie, seinen Clan, seinen Stamm betrafen, weiten sich heute auf globale Ökosysteme und große Teile der Menschheit aus.

Man kann solche Ängste verdrängen, kann auf die Vernunft der Politiker hoffen, kann die Erfolge der bisherigen Abrüstungsinitiativen preisen und sich selbst damit trösten, daß die fortgesetzte Forschung an immer neuen Waffensystemen ein den Frieden sicherndes Gleichgewicht des Schreckens aufrechterhält. Aber viel näher an unserem täglichen Leben gibt es noch die Asylanten und Flüchtlinge, die unser Gewissen belasten, gibt es die Drogen, die vor allem die nachwachsenden Generationen bedrohen, gibt es die tückische Immunschwäche Aids . . .

Es hat keinen Sinn, der Angst auszuweichen. Sie ist in uns angelegt, und sie hat auch ihr Gutes. Sie ist ein Alarmsystem, das uns vor Bedrohungen warnt. Auf die Warnung hin sollte allerdings ein Handeln folgen, das die Bedrohung zu verringern oder ganz auszuschalten vermag. Welches Handeln?

Die Frage wirft uns wieder zurück auf uns selbst, auf unsere Verantwortung, auf unser Gewissen und damit weiter auf unsere Technik, auf unsere Wissenschaft und auf unsere Religion. Wir Menschen selber haben sie gestaltet, und wir wissen – und wollen es auch so –, daß sie gestaltend auf unser Leben zurückwirken. Wir haben auch die Möglichkeit, sie dauernd weiterzuentwickeln, sie den Bedürfnissen anzupassen, sie zu verbessern. Die Angst zeigt uns an, wann dies nötig ist.

In diesem Band sind fünf Beiträge zusammengefaßt, die sich mit dem Phänomen Angst befassen und nach ihrem Verhältnis zur Religion fragen. Zu Wort kommen zwei Theologen, ein Psychiater und eine Psychologin, ein Philosoph und ein Religionswissenschaftler. Es geht ihnen um die Frage, was Angst ist, was sie bewirkt und ob und wieweit sie einen legitimen Platz in der Religion besitzt. Angesprochen ist unsere, die abendländische Gesellschaft und ihre christliche Religion. Diese verspricht als jenseitiges Ziel ein angstfreies Dasein, hier im Diesseits aber kommt sie ohne Angsterzeugung nicht aus. Warum nicht? Könnte eine Religion, die behauptet, dem Menschen Zuflucht, Hoffnung und Heil zu bieten, nicht auf das Herrschaftsinstrument Angst verzichten?

Sie könnte es sicherlich zum Teil. Sie könnte es zum Beispiel da, wo heute noch mit Hilfe künstlich geschürter Ängste längst überholte Prinzipien verteidigt werden. Vielleicht würde die Kirche mit einer Haltung der Offenheit für die dringenden Probleme der Gegenwart, mit Weltbejahung, Verständnis für die Nöte des einzelnen und Wandlungsfähigkeit weit mehr bewirken als durch Restriktion, Verbot und Angst vor Sünde. Sie könnte zeitgemäße Bedürfnisse einer zunehmend pluralistischen, zunehmend mobilen und allmählich weniger an vorgegebene Geschlechterrollen gebundenen Gesellschaft erkennen und anerkennen, könnte die Bemühungen um eine humanere Welt und eine giftfreie Umwelt durch überzeugende Zielsetzungen unterstützen. All das kann sie jedoch nicht ohne Mitwirkung engagierter Menschen und auch nicht ganz ohne Angst. Es zeigt sich nämlich, daß Angst nur in krankhafter Übersteigerung schädlich wird, sonst aber für unsere Wahrnehmung und unser Überleben wichtige Funktionen erfüllt. Sie macht uns sensibel, sie sorgt dafür, daß wir Fehlentwicklungen bemerken und rechtzeitig darauf reagieren.

Dazu freilich bedarf sie einer gesunden Balance in der Liebe, der Bejahung, der Freude und Geborgenheit. Nur wenn dies die Grundbefindlichkeit ist, wirkt plötzlich auftretende Angst als alarmierendes Signal, das Kräfte zur Überwindung von Gefahren weckt. In einem Zustand kontinuierlicher Panik und Depression dagegen bleiben weitere Angstsignale ungehört und so wirkungslos wie ein Regentropfen im Meer.

Tübingen, im Juli 1991 *Heinrich von Stietencron*

Heinrich von Stietencron

Von der Heilsträchtigkeit der Angst:

Religionsgeschichtliche Perspektiven

Die kritischen Anfragen an die Religionen mehren sich. Seit Jahren schon stehen sie unter Druck, so sehr, daß sie sogar bereit sind, miteinander zu reden, den Dialog miteinander zu versuchen, um sich gegenseitig stützen zu können. Die Kritik an den Religionen betrifft auch die Angst. Haben sie eigentlich alles getan, um die Angst abzubauen? Haben sie sich überhaupt ernsthaft darum bemüht? Oder haben sie in Wirklichkeit kein Interesse daran, weil sie selber von der Angst der Gläubigen profitieren? So jedenfalls scheint es denen, die meinen, nur die Angst treibe die Gläubigen noch in die Kirche; und die Tatsache, daß eine wachsende Anzahl von Menschen nach ihrer Kindheit die Dienste der Kirche nur noch ein einziges Mal, nämlich beim Begräbnis in Anspruch nimmt, scheint zu bestätigen, daß nur die Angst, die Angst vor dem Tode und dem Jenseits, ein völliges Sich-Lossagen von der Kirche verhindert.

In der Tat spielt die Angst schon seit ältester Zeit eine beherrschende Rolle in den Religionen der Menschheit. Es ist nicht nur die von den Religionen erzeugte Angst, es ist auch spontane Angst, vor der man Schutz sucht, die man nicht abwehren kann. Angst überfällt die Menschen als etwas Schreckliches, Gebieterisches, alle Selbstbeherrschung Raubendes, läßt sie schreien, erstarren, zittern oder verstummen vor Angst. Angst macht unfrei, sie fesselt, beengt, versklavt oder raubt den Verstand und läßt einen ziellos fliehen. Als Sensation, als bedrohliche Wahrnehmung, ist sie zutiefst mit bereits präsentem oder imminentem Unheil verbunden. So eng ist diese Beziehung zwischen Angst und Unheil, daß der Wunsch nach Befreiung von

Angst, die Hoffnung auf einen endgültig angstfreien Raum, auf einen Zustand der Geborgenheit und des paradiesischen, d. h. dauernden Friedens in allen Hochreligionen zu einem der häufigsten Gebetsinhalte wird. Fast könnte man versucht sein zu sagen: Wo Angst *nicht mehr* ist, da ist das Heil. Der Satz stimmt aber nicht, weil Angstfreiheit auch das Resultat von totaler psychischer Abstumpfung sein kann. Nur die Umkehrung dieses Satzes ist vielleicht wahr: Wo das Heil ist, gibt es keine Angst mehr. Die Rede vom Zustand der Angst und vom Zustand des Heils bezeichnet also gegensätzliche Pole möglicher Erfahrung, wobei der erste, der Zustand der Angst, durchaus nicht selten erlebt wird, der zweite, der Zustand des Heils, dagegen höchst selten in die direkte Erfahrungswelt der Lebenden einbricht und im allgemeinen nur als Projektion auf das Jenseits greifbar wird. Ist aber damit auch die Heillosigkeit der Angst schon erwiesen? Das Thema meines Beitrages zeigt, daß man es auch anders sehen kann.

Zunächst ist eine knappe Begriffsbestimmung nötig.[1] Angst ist ein Affektzustand. Er hängt eng mit der Erfahrung der eigenen Grenzen zusammen, und zwar einerseits der Grenzen der eigenen Fähigkeiten (Prüfungsangst, Angst vor einem Gegner), andererseits in noch stärkerem Maße mit der Erfahrung der Grenzen der eigenen Existenz (Todesangst): Beide Erfahrungen werden als Bedrohung empfunden und die Bedrohung löst Angst aus. Diese hat eine physiologische und eine psychologische[2] Komponen-

[1] Eine übersichtliche Einführung aus kulturgeschichtlicher Sicht und umfangreiche Literaturangaben bietet *Renate Schlesier,* Angst, in: Cancik/Gladigow/Laubscher (Hrsg.), Handbuch religionswissenschaftlicher Grundbegriffe I, Stuttgart 1988, 455–471. Vgl. ferner die Sammelbände: *H. von Ditfurth* (Hrsg.), Aspekte der Angst: Starnberger Gespräche 1964, Stuttgart 1965; *H. von Stietencron* (Hrsg.), Angst und Gewalt. Ihre Präsenz und ihre Bewältigung in den Religionen, Düsseldorf 1979.

[2] *Marianne Hartung,* Angst und Schuld in Tiefenpsychologie und Theologie, Stuttgart [5]1979; *Eugene E. Levitt,* Die Psychologie der Angst, Stuttgart 1979; *W. D. Fröhlich,* Angst. Gefahrensignale und ihre psychologische Bedeutung,

te. Die physiologischen Begleiterscheinungen der Angst hat der Biologe Dietrich von Holst in knappster Form zusammengefaßt und dabei darauf hingewiesen, daß sie bei Säugetieren – von der Maus bis hin zum Menschen – weitgehend gleich sind. Er schreibt über die körperliche Reaktion auf die Angst: „Das sympathische Nervensystem wird augenblicklich aktiviert, und die Nebennierenhormone werden abgegeben. Dies führt fast augenblicklich zu einem beschleunigten und kräftigeren Herzschlag, die Durchblutung der Skelettmuskulatur wird verstärkt, während Haut, Magen-Darmtrakt und Nieren vermindert durchblutet werden. Der für die Energieversorgung des Körpers vermehrt benötigte Blutzucker wird aus der Leber freigesetzt, die Gerinnungsfähigkeit des Blutes steigt an und vieles mehr. Wie der amerikanische Physiologe Walter Cannon bereits 1915 feststellte, haben alle diese Veränderungen das eine Ziel, den Körper optimal auf starke körperliche Anstrengung wie Kampf oder Flucht vorzubereiten.[3] Gleichzeitig werden alle sonstigen Körperfunktionen wie Verdauung, Wachstum und Fortpflanzung, die nicht direkt zum Überleben in dieser Situation notwendig sind, gehemmt."[4] Die Tatsache, daß diese Aktivierung des Organismus bei Angst auch dann stattfindet, wenn die Situation gar nicht bedrohlich ist, sondern nur fälschlich so interpretiert wird, zeigt deutlich, daß Angst abhängig ist von Wahrnehmungsprozessen und psychischen Bedingungen. Sind Sinne und Psyche abgestumpft, so bemerkt man die Gefahr nicht und rennt in den Tod. Umgekehrt sorgt Angst für größere Wachheit der Sinne und damit für geschärfte Wahrnehmung. Aus Erdbebenregionen z. B.

München 1982. Lesenswert auch noch immer: *Fritz Riemann,* Grundformen der Angst. Eine tiefenpsychologische Studie, München 1965.

3 *W. B. Cannon,* Bodily changes in pain, hunger, fear and rage, New York 1915.

4 *Dietrich von Holst,* Biologie der Angst, in: H. von Stietencron (Hrsg.), Angst und Gewalt, 17; vgl. auch *H. Kunz,* Zur Anthropologie der Angst, in: H. von Ditfurth (Hrsg.), Aspekte der Angst.

weiß man, daß manche Tiere die Bedrohung eines kommenden Bebens bereits spüren und Angstreaktionen zeigen, noch ehe die Seismographen ausschlagen.

Und noch eine Bemerkung zum Sprachgebrauch: Unter den Wörtern, die wir benutzen, um unsere Reaktion auf Bedrohung zu beschreiben, sind „Angst“ und „Furcht“ die wichtigsten. Nun schrieb Sören Kierkegaard 1844 eine einflußreiche Abhandlung über den Begriff der Angst.[5] In ihr ging er von der Annahme aus, Furcht beziehe sich immer auf etwas Bestimmtes, Angst auf etwas Unbestimmtes. Und dies führte ihn weiter zu der These, Angst sei etwas spezifisch Menschliches, während die Tiere nur Furcht kennten. Dieser von Kierkegaard geprägte Sprachgebrauch hat besonders die Existenzphilosophie und die von ihr beeinflußte Theologie geprägt und wurde vor allem durch Heidegger (Sein und Zeit) aufgegriffen und weiter getragen.[6]

In der Religionswissenschaft haben wir aber diese Unterscheidung wieder aufgegeben. Während nämlich Schelling, Kierkegaard und Heidegger die Angst höher bewerten als die Furcht, machen es Kant, Hegel und Nietzsche genau umgekehrt. Und betrachtet man den allgemeinen europäischen Sprachgebrauch, so haben Untersuchungen der gesprochenen Sprachen und der Literatur gezeigt, daß eine solche Festlegung der Begriffe willkürlich ist.[7] Weder läßt sich ihre Zuordnung zu bestimmter und unbestimmter Bedrohung aufrechterhalten, noch bezeichnet das Wort Furcht immer die geringere,

[5] *Sören Kierkegaard,* Der Begriff der Angst. Eine schlichte psychologisch-andeutende Überlegung in Richtung auf das dogmatische Problem der Erbsünde (1844), deutsch von E. Hirsch, Düsseldorf 1952; auch in: Die Krankheit zum Tode und anderes, hrsg. von H. Diem und W. Rest, Köln und Olten 1956.

[6] *Martin Heidegger,* Sein und Zeit, Tübingen [14]1977, 185f.

[7] *M. Wandruszka,* Angst und Mut. Stuttgart 1950; ders., Was weiß die Sprache von der Angst? in: W. Bitter, Angst und Schuld in theologischer und psychologischer Sicht, Stuttgart [3]1962; *H. Bergenholtz,* Das Wortfeld „Angst“. Eine lexikographische Untersuchung, Stuttgart 1980.

das Wort Angst die intensivere Bedrohung. Auch läßt sich die diesbezügliche Differenzierung zwischen Mensch und Tier nicht aufrechterhalten, seit beobachtet werden konnte, daß unbestimmte Angst auch die Tiere erfaßt. Und von Seiten der Biologie, d. h. in bezug auf die physiologischen Funktionen bei Angst- und Furchtzuständen ist ebenfalls kein Unterschied nachweisbar, wohl aber unterschiedliche Grade der Intensität von Angst (oder Furcht). Das bedeutet, daß der gesamte Komplex von Besorgnis, Unruhe, Furcht und Angst bis hin zu Panik und Terror eine Einheit bildet, die für eine religionsgeschichtliche Betrachtung als Ganzes berücksichtigt werden muß.

Nun ist die Tatsache, daß es Angst auch im Tierreich gibt, für uns nicht gerade tröstlich – zeigt es doch nur, daß wir in diesem Punkt nicht sehr viel weiter sind als die Tiere. Es entlastet aber die Religionen: Sie haben die Angst gewiß nicht erfunden. Genauer: Es entlastet sie nur zum Teil. Denn sie haben die Angst zwar nicht erfunden, aber sie haben sie auch nicht beseitigt. Die Frage lautet nun: Hätten sie das wirklich tun, hätten sie alle Angst beseitigen sollen? Oder ist die Angst eine Ausstattung unserer Natur, die auch einen positiven Sinn hat?

Fragen wir noch einmal die Biologen. Gemeinsam mit den Verhaltensforschern haben sie überzeugend dargelegt, daß dem Komplex von Furcht und Angst eine grundlegende Bedeutung für die körperliche Organisation und die Überlebenschancen von Lebewesen zukommt. Als sensibler Indikator für Gefahren aller Art und als Mobilisator von Flucht- und Abwehrreaktionen stellt sie eine unerläßliche biologische Grundausstattung dar, ohne die ein Überleben der Art nicht möglich wäre.

Das gilt auch für den Menschen, der es jedoch verstanden hat, dieser biologischen Ausstattung von Angst zum Zwecke der Feindvermeidung eine neue kulturelle Technik der Angstvermeidung zur Seite zu stellen. So ist es ihm im Rahmen seiner technologischen und sozialen Entwicklung gelungen, die meisten der von Artfeinden und Witterungen ausgehenden Bedrohungen auszuschalten. Er hat Tiere gezähmt, um größere Beweglichkeit zu erreichen und um Nahrung und warme Kleidung sicherzustellen. Er konstruierte Waffen zur Jagd und zur Abwehr von Raubtieren. Das Feuer und das Haus schützten nicht nur vor Unwetter und Frost, sondern auch vor nächtlich schweifenden Wildkatzen und Wölfen.

Die Reihe solcher kultureller Errungenschaften im Interesse der Angstverminderung läßt sich beliebig ergänzen: Der Ackerbau ermöglicht dichtere Besiedlung und damit Stärkung der sozialen Gruppe; die Bewässerung und die Anlage von befestigten Städten intensivieren diesen Prozeß. Mit Dämmen lernt der Mensch, Flutkatastrophen abzuwehren, mit Brunnen, Zisternen und künstlich angelegten Teichen baut er der Wasserknappheit vor. Mit Schienen und Verbänden heilt er Knochenbrüche und Wunden, mit Kräutern und Medikamenten bekämpft er Krankheiten.[8]

All diese kulturellen Entwicklungen lassen sich beschreiben als Mittel, jenen Zustand zu erreichen, den der schweizer Tierforscher H. Hediger die „Befreiung vom Fluchtzwang aus dem Feindeskreis" genannt hat.[9] Dieser Prozeß einer kulturellen Beherrschung oder Ausschaltung von angsterregenden Objekten hat allerdings eine Schattenseite: Bei dem Verlust von greifbaren Furchtobjekten scheint ein Überschuß an Angstpotential übrigzubleiben, das sich nun in Ermangelung äußerer Bedrohungen an innerpsychische Objekte klammert, ein Faktum, das

[8] Wie beängstigend und wie wenig beherrschbar ansteckende Krankheiten und andere kollektive Bedrohungen in Europa noch bis ins 18. Jahrhundert waren, zeigt *J.Delumeau,* La peur en occident, Paris 1978 (deutsch: Die Angst im Abendland. Die Geschichte kollektiver Ängste im Europa des 14.–18. Jahrhunderts, 2 Bde., Reinbek b. Hamburg 1985).

[9] *H. Hediger,* Die Angst des Tieres, in: G. Benedetti u. a., Die Angst. (Studien aus dem C. G. Jung-Institut, 10), Zürich 1966, 7–33; vgl. auch *P. Leyhausen,* Zur Naturgeschichte der Angst, in: H. Wiesbrock (Hrsg.), Die politische und gesellschaftliche Rolle der Angst, Frankfurt 1967.

Psychoanalytikern und Psychiatern zu schaffen macht. Es werden offenbar beim Ausscheiden von altbekannten Furchtobjekten neue Furchtobjekte substituiert. Auch Biologen und Humanethologen haben sich mit dem überschüssigen Angstpotential befaßt und Konrad Lorenz hat die Substitutionstheorie treffend illustriert, wenn er meinte, das Gespenst sei eine Projektion des nicht mehr vorhandenen nächtlich jagenden Raubtiers.[10]

Freilich, so einfach ist es nicht. Jeder Religionshistoriker weiß, daß Gespensterglaube nicht erst in raubtierfreien Gesellschaften auftritt, sondern durchaus auch dort vorkommt, wo reale Bedrohung durch Raubtiere besteht. Man darf also keinesfalls eine historische Sequenz von Raubtier und Gespenst konstruieren. Vielmehr gehört auch das Gespenst als unheimliche Wahrnehmung zu uralten Auslösern menschlicher, mit Totenvorstellungen verknüpfter Angst. Wenn aber die Zahl der nächtlichen Angsterreger sich mindert, treten die übrigbleibenden stärker hervor.

Ein Raubtier ist zwar gefährlich, läßt sich aber immer noch besser bekämpfen als ein Gespenst. Hier nun greift die Religion in den Zyklus der biologisch bedingten Angst ein und trägt zu seiner kulturellen Überformung bei, indem sie jene Rituale erschafft, in denen Gespenster und Dämonen verjagt oder besänftigt werden. Raubtiere werden durch Waffen, Dämonen durch Rituale zu einer beherrschbaren Größe, aber sie werden nicht abgeschafft: Im Gegenteil, Religion hebt sie aus dem Alltag heraus, sie mißt ihnen Bedeutung bei, beschwört ihre Bedrohlichkeit auch dann herauf, wenn sie gar nicht unmittelbar wahrgenommen werden, und bindet sie ein in einen rituellen Vollzug, der ihnen einen festen Platz im spirituellen Kosmos zuweist.

[10] Als Gesprächsäußerung zitiert in *H. von Ditfurth* (Hrsg.), Aspekte der Angst, 40.

Hier werden also Angstobjekte nicht beseitigt (und damit frei flottierende Angst geschaffen), sondern sie werden hierarchisch eingebunden und damit zwar beherrschbar gemacht, aber zugleich für einen didaktischen Einsatz der mit ihnen verbundenen Angst bereitgehalten: Macht über Dämonen und Gespenster z. B. bedeutet auch Machtanspruch der Magier oder der Priester in der Gesellschaft. Religiöses Spezialistentum vom Medizinmann, Zauberer und Schamanen bis zum Opferpriester und Exorzisten schafft sich eine Machtbasis auf dem Fundus jenes Angstpotentials, das eine Objektbindung braucht, um sich nicht in Psychosen selbtzerstörerisch auszuwirken.

Dies Kapitel der Religionsgeschichte, das Streben von Individuen, Sekten oder Kirchen nach Macht, ist hinreichend bekannt und wenig erfreulich; wir können es kurz überfliegen, ohne bei den Details zu verweilen. Religiöse Spezialisten, religiöse Institutionen ebenso wie staatliche, leben von der Arbeit anderer, und sie bedürfen der Macht, um deren Arbeitsgewinn abzuschöpfen, um Abgaben einzutreiben. Die Angst ist ein vorzügliches Instrument zur Festigung solcher Macht, vor allem wenn sie mit dem Versprechen gekoppelt ist, ein Mittel zur Rettung aus der Bedrohung bereitzuhalten. Die Angst vor dem Tod und vor den Toten, die Angst vor der Sünde, die Angst vor dem Zorn Gottes, die Angst vor der Folter, vor dem Fegefeuer, vor der Hölle, vor dem Satan und die Angst vor dem jüngsten Gericht – immer neue, immer größere Ängste wurden von den meisten Religionen sorgfältig gepflegt und zugleich rituell beherrscht. Man kann die Religionen des Mißbrauchs der Angst anklagen und hat dies schon oft getan, nur ist die Verlockung der Macht und ihr Mißbrauch kein spezifisch religiöses Phänomen, sondern ein allgemein menschliches. Wenn auch Vertreter der Religionen dieser Verführung erliegen, so zeigt dies nur, wie schwer der Mensch zu verändern ist.

Daß Angst für Religion konstitutiv sei, hat die europäische Religionskritik schon seit Demokrit und Epikur behauptet. Es war daher nicht neu, sondern nur gut formuliert, was Statius uns als Aussage des Capaneus überliefert: *primus in orbe deos fecit timor* – „als erstes in der Welt hat Angst die Götter hervorgebracht" (Thebais 3, 661).

Das Anliegen jeder Aufklärungsstrategie seit den Tagen des Demokrit und der Epikuräer ist es folglich gewesen, alle bedrohlichen Naturerscheinungen auf erkennbare natürliche Ursachen zurückzuführen, so daß berechenbare Kausalgesetze an die Stelle eines unberechenbaren göttlichen Eingreifens treten.

Doch die Hochreligionen selbst haben sich schon frühzeitig von einer Bindung ihrer Gottheiten an Naturerscheinungen gelöst, haben höchstens noch die Möglichkeit einer Epiphanie im Baum, im Fels, im brennenden Dornbusch in Betracht gezogen. So weist zum Beispiel der Prophet Elia eine Identifizierung von Naturerscheinungen mit seiner Gotteserfahrung auf dem Berg Horeb ausdrücklich zurück: „. . . ein großer, starker Wind, der die Berge zerriß und die Felsen zerbrach, ging vor dem Herrn her. Der Herr aber war nicht im Wind. Nach dem Wind kam ein Erdbeben, aber der Herr war nicht im Erdbeben. Und nach dem Erdbeben kam ein Feuer, aber der Herr war nicht im Feuer . . ." (1 Könige 19, 11). Schließlich offenbart sich der Herr als Stimme im Wort, ist also aus der Natur in die Kultur überführt und auch da nur momentan als Vision oder Audition greifbar, nicht in ihr verhaftet. Was in den Hochreligionen nur noch greifbar ist, sind seine mythischen Schöpfungstaten, seine Gebote, seine Strafen, seine Heilsversprechungen und seine Präsenz im rituellen Vollzug.

Solcher ritueller Vollzug ist seit alters an bestimmten Nahtstellen angesiedelt, an den Grenzen kognitiv gesicherter Bereiche, an denen Gefahren drohen, an denen Angst am Platz ist: überall dort, wo der Mensch eine Schwelle überschreitet, die ihn selbst verwandelt.[11]

Das ist vor allem bei Geburt und Tod der Fall. Beide liegen eng beieinander, sind sozusagen zwei Seiten der gleichen Medaille und vollziehen sich an einem Ort, wo das Unsichtbare schenkend, verwandelnd oder raubend in den Bereich des sichtbaren Lebens einbricht.

Andere Schwellenbereiche, die in unserer oder in anderen Religionen durch Sakramente oder Initiationsriten markiert werden, sind z. B.: die Taufe – möglichst *vor* dem gefürchteten Kindstod – als Initiation in eine religiöse Gemeinschaft; die Pubertätsriten am Übergang in die Welt der Erwachsenen mit aller Verantwortung für die Erhaltung der Gesellschaft einschließlich der Teilnahme an Krieg und möglichem Tod, auch einschließlich der Verantwortung für ihre kulturelle Tradition. Dann die Hochzeitsriten als Vorbereitung für die Selbstreproduktion der Familie ebenso wie als Allianz zwischen zwei Familien, die meist unterschiedlichen Stämmen oder unterschiedlichen Dörfern angehören – eine Allianz also, in der die Grenze der engeren Blutsverwandtschaft überschritten wird und die in einer Welt voller Streit und Rivalitäten den Bereich der familiären Sicherheit erweitern und festigen soll. Zu den Initiationsriten gehört auch die Weihe für Priester- und Herrscherämter. Beide Riten haben mit Grenzbedingungen zu tun: Die Weihe des Priesters autorisiert ihn zum Brückenschlag zwischen den Menschen und der Gottheit; die Investitur des Herrschers betraut ihn mit der Straf- und Kriegsgewalt, also zwei todbringenden Kompetenzen, die zur Erhaltung von Ordnung und Sicherheit der Gruppe unerläßlich sind. Schließlich ist als letzte und wichtigste Nahtstelle die Begegnung mit dem Übermenschlichen selbst zu nennen. Daß sie beängstigend sei, ist eine

[11] *Arnold van Gennep,* Les rites de passage, Paris 1909 (deutsch: Übergangsriten, Frankfurt a. M. 1986).

gemeinsame Erfahrung aller Religionen, und zwar nicht nur, wenn es sich um den Umgang mit den Dämonen handelt. Vielmehr löst der Einbruch der Macht des Göttlichen in die menschliche Erlebnissphäre ganz spontan Angst aus. Angst und Zittern oder „Furcht des Herrn" ist denn auch das am häufigsten genannte Symptom für unmittelbare Gotteserfahrung. Daran ändern auch beglückende mystische Einheitserfahrungen, daran ändert auch die Erfahrung der Liebe Gottes nichts: Das überwältigend mächtige Fremde ruft im Menschen durch uralte Anlage bedingt jenen Adrenalinschub aus, der ihn in höchste Alarmbereitschaft versetzt. Mehr noch: Es löst jene instinktive Unterwerfungsgestik aus, jene Haltung des hilflosen, sich hingebenden Kindes, die sogenannte Demutshaltung, die schon bei den Tieren den Hals ungeschützt dem tödlichen Biß des Siegers aussetzt und bei diesem eine Beißhemmung auslöst und schützende Mutter- oder Vaterinstinkte weckt.

Im Ritual sind diese gefahrvollen Beziehungen in eine gesicherte Form gegossen: in die Anrufung, das Opfer, das Gebet, die Bekundung der eigenen Sündhaftigkeit, die völlige Unterwerfung durch Prostration und schließlich die innere Aufrichtung, die durch die Annahme des Opfers seitens der Gottheit erfolgt – alles kulturelle Überformungen der Reaktionsmuster uralter Angstreaktionen.

Die Ritualisierung von Angstreaktionen ist aber nur die formale Seite des Phänomens. Wenn wir ihr nachgehen, erkennen wir die Ursprünge mancher Verhaltensweisen im religiös-rituellen Vollzug. Die andere Seite ist für die Religionen noch viel relevanter. Denn Angst liegt nicht nur den formalen Abläufen der Gottesbeziehung zugrunde, sondern kann auch zum auslösenden Faktor für Gotteserfahrung werden.

Wie kommt das zustande? Wir hatten schon gesehen, daß Angst erheblich sensibilisiert, daß sie den Anstoß gibt zu jener kurzfristig erhöhten Wachsamkeit und Wahrnehmungsfähigkeit, in welcher die Lebewesen schneller erkennen und rascher oder gezielter zu reagieren fähig sind als sonst. Dies ist genau der Zustand, in dem nach Aussage religiöser Texte aus unterschiedlichen Regionen und Zeiten u. a. auch die Präsenz einer übermenschlichen Macht spürbar, sinnlich erfahrbar wird. Wenn dies zutrifft – und die Quellen sind in diesem Punkte eindeutig –, dann wird die Angst zu einer wesentlichen Voraussetzung für direkte Gotteserfahrung. Hier zeigt sich also in der Angst ein erster deutlicher Bezug zum Heil.

Die schon erwähnte antike Religionskritik hat richtig gesehen, daß es einen Zusammenhang von Angst und Gotteserfahrung gibt. Sie hat ihn aber als zeitliche und kausale Priorität der Angst vor der Religion gedeutet, so daß die Angst das Primäre wäre; die Gottheit selbst als Produkt der Angst wäre sekundär und in der Auseinandersetzung mit der so geschaffenen Gottheit entstünde erst an dritter Stelle die Religion. Diese Sequenz ergibt sich, wenn man vom ursprünglichen Erkenntnisvorgang im Menschen ausgeht. Der Schrecken in der Begegnung mit einer unbekannten und überwältigenden Macht hat wohl in der Tat dazu geführt, daß der Mensch Namen fand, um diese Macht zu benennen, daß er zunächst Formen und Gestalten seiner eigenen Vorstellungswelt einsetzte, um sie zu individualisieren und als Gegenüber zu identifizieren. Mit Hilfe von Name und Gestalt versuchte er die Gottheit nach den Kategorien seiner kulturellen Vorgaben zu begreifen oder wenigstens soweit faßbar zu machen, daß eine Kommunikation mit ihr möglich wurde.

Fragwürdig oder zumindest unbeweisbar wird die These der Religionskritik jedoch, sobald man sie von der erkenntnistheoretischen auf die ontologische Ebene erhebt, d. h. wenn man annimmt, die Götter seien ihrem Wesen und ihrer Existenz nach von der menschlichen Angst und Imagination abhängig. Die Erfahrung der Gläubigen ist in diesem Punkt zu allen Zeiten anders gewesen. Die Macht, der sie da begegnen, ist schon vor ihnen da und die Menschen selbst mitsamt ihrer Angst fühlen sich den Göttern kausal und zeitlich nachgeordnet. Bestenfalls fühlen sie sich als Abkömmlinge oder Geschöpfe einer Gottheit.

Von dieser Aussage der Religionen her können die menschliche Angst und die von ihr angeregte Gotteserkenntnis nur die beiden letzten Glieder einer Sequenz bilden, an deren Anfang die Gottheit selbst und die von ihr ausgehende Macht stehen. Und es handelt sich nach dem Selbstverständnis der Religionen nicht etwa um „blinde Angst", die ein selbstgeschaffenes Angstobjekt projizierte. Vielmehr wird in der Angstsituation, zunächst vielleicht durch gesteigerte Wachsamkeit und Aufnahmefähigkeit, dann aber auch und vor allem durch ein Aufbrechen der egozentrischen Selbstabkapselung, die Erfahrung einer sonst den Sinnen nicht ohne weiteres zugänglichen Realität möglich.

Aus den verschiedensten Religionen besitzen wir eindrückliche Berichte darüber, wie die Angst den Menschen *vor* der eigentlichen Begegnung mit der Gottheit packt, wie ihn ein Zittern überfällt, wie er sich zu verbergen oder zu fliehen sucht. Mose und Elija verhüllen auf dem Berg Horeb ihr Angesicht vor der Vision Gottes. Und den indischen Helden Arjuna packt blankes Entsetzen, als sich ihm Krishna in seiner göttlichen Gestalt offenbart und er plötzlich mit der unverhüllten Macht und Abgründigkeit der Gottheit konfrontiert ist.[12] Das Schreckliche an der Vision bricht völlig neue, vorher ungeahnte Dimensionen auf, und die Angst erweist sich als das Tor, durch das religiöse Erkenntnis hereinbricht. Unter diesem Aspekt ist auch das Gebot „Fürchte den Herrn" zu verstehen. Es handelt sich nicht nur um klägliche Angst vor den Folgen der Übertretung seiner Gebote. Vielmehr sind Gott fürch-

[12] Bhagavadgita 11, 9–31.

ten und Gott erkennen aufeinander bezogen und bedingen sich gegenseitig – eine Tatsache, die allen Religionen (mit Ausnahme des Theravadabuddhismus) eigen zu sein scheint und die z. B. in der Rede von der „begnadeten Angst"[13] mitschwingt.

Halten wir diesen Punkt fest: Angst kann – das mag zwar selten sein aber immerhin sie kann – erkenntnisfördernde Qualität besitzen, sie kann unseren Wahrnehmungsbereich erweitern und unsere Sinne schärfen. In dieser Funktion gewinnt sie für die Gotteserkenntnis Relevanz.

Eng verbunden mit dieser religiöse Erkenntnis provozierenden Erfahrung von Angst ist das Gefühl der Ohnmacht, der eigenen Kleinheit und der Erbärmlichkeit des Menschen vor der Größe Gottes. Auch dies ist nicht spezifisch christlich, sondern charakteristisch für viele Religionen: Angst verkleinert in allen Lebenslagen den Geängstigten und vergrößert den, der Angst einflößt.

Auch diese Funktion der Angst ist aus der Vorgeschichte der Menschheit ererbt und hat eine arterhaltende Funktion: Sie gibt der Flucht oder Unterwerfung Priorität vor dem leichtsinnigen Kampf. In den Religionen führt diese Funktion der Angst zur Schaffung einer hierarchisch geprägten Distanz zwischen dem Gläubigen und der Gottheit, die immer größer wird, je mehr die Erkenntnis von der Macht Gottes wächst. Schon in polytheistischen Systemen ist jeder der Götter mächtig und groß. Er hat aber eine bestimmte und begrenzte Funktion und steht daher dem begrenzt agierenden Menschen nicht ganz so fern. Das ändert sich in den Hochreligionen, wenn sich

[13] Dazu *Jürgen Moltmann,* „Begnadete Angst": Religiös integrierte Angst und ihre Bewältigung, in: H. von Stietencron (Hrsg.), Angst und Gewalt, 137–153. Zur theologischen Reflexion über die Angst im Christentum allgemein: *Hans Urs von Balthasar,* Der Christ und die Angst, [5]1976; *Oskar Pfister,* Das Christentum und die Angst. Eine religionspsychologische, historische und religionshygienische Untersuchung, Zürich 1944, Einsiedeln – Trier [6]1989.

sämtliche Vollkommenheitsattribute wie Allmacht, Allwissenheit, Allgüte, Allgegenwärtigkeit etc. in einem einzigen unfaßbaren Weltherrscher bündeln und die Distanz zwischen sündhaftem Menschen und Schöpfergott schier unüberwindbar wird.

Angst und Erkenntnis gemeinsam bringen diese Distanzierung hervor. Sie wirken damit aber einem anderen Bedürfnis der Religionen entgegen, nämlich dem Versuch, eine kommunikative Beziehung zwischen Mensch und Gottheit aufzubauen und die Distanz zu überbrücken. Sollte man daher die Angst vermeiden, die Distanzierung nicht zulassen, die doch nur in größerer Angst endet? Nein, keineswegs! Denn je größer die Distanz, desto reicher ist auch der Lohn, wenn die Überbrückung gelingt. Vielmehr wird Angst in der Distanz zwischen dem winzigen Menschen und dem machtvollen Gott zu einem Faktor, der sich in Handlungen umsetzt, die ihrerseits wieder uralten Verhaltensmustern folgen. Da gibt es eine ganze Palette von Beschwichtigungsgesten, von Demutsgebärden, von denen sich die meisten schon bei Fischen, Vögeln und Säugetieren finden: Peter Eicher hat sie geschildert und ihre Präsenz in Kirche und Mönchstum aufgezeigt[14]; sie kommen aber auch in anderen Religionen vor und haben überall die gleiche Funktion: durch Unterwerfung Aggression zu hemmen, durch Flehen gewährende Zuwendung zu provozieren, unter Opfern größere Gegengeschenke zu erbitten, durch Zufluchtsuchen die Verantwortung für das Wohl des hilfesuchenden Schwachen auf den Mächtigen zu übertragen und durch die Selbstdarstellung als hilfloses Kind eine väterliche oder mütterliche Zuwendung zu erzwingen. Das mag vielleicht nach Manipulation klingen, doch ist zu bedenken, daß diese Art der Manipulation durch Signale von Bedürfnissen für jede menschliche

[14] *Peter Eicher*, Gottesfurcht und Menschenverachtung. Zur Kulturgeschichte der Demut, in: H. von Stietencron (Hrsg.), Angst und Gewalt, 111–136.

Beziehung charakteristisch ist. Schon der Säugling beherrscht diese Kunst nach kürzester Zeit. Auch gilt die Trennungsangst bei der Geburt als die Grunderfahrung menschlicher Angst und auch die Nähe zur Mutter kann die völlige Geborgenheit nie wieder herstellen. Hier bleibt ein mit Angst verknüpftes Liebesbedürfnis bestehen, und es wird durch Angst stets von neuem aktiviert. Im Falle des Kindverhaltens zu Gott entsteht eine Beziehung, in der auf der einen Seite Schutz und Fürsorge, aber auch Anweisung zu rechtem Verhalten, auf der anderen Seite Vertrauen, Gehorsam und dankbare Anhänglichkeit impliziert sind. Sie ermöglicht in der emotional realisierten Vater-Kind-Beziehung die Entstehung der Liebe als einer neuen und wichtigen Dimension zwischen unerlöstem Menschen und väterlicher/mütterlicher Gottheit – einer Liebe, die in der mystischen Erfahrung auch das Bild von Geliebten annehmen kann, die sich nacheinander sehnen, aber noch voneinander getrennt sind.

Es hat sich also gezeigt, daß direkte Gotteserkenntnis und echte Gottesliebe beide erwachsen aus einer ursprünglichen Angsterfahrung und Angstreaktion. Sie schaffen Distanz durch Erkenntnis, und heben diese Distanz durch demütige Hingabe und Liebe auch wieder auf. Dadurch entsteht eine beachtenswerte Gegenläufigkeit in der eben geschilderten Gottesbeziehung: Die Angst und die Erfahrung göttlicher Macht distanzieren den Menschen von Gott, indem sie ihn immer weiter über den Menschen erhöhen. Zugleich aber leiten die Angstreaktionen einen Zuwendungsprozeß ein, der die so voneinander getrennten Partner wieder miteinander verbindet. Am Ende ist man aber nicht mehr da, wo man am Anfang war. Denn als Ergebnis dieser aus der Distanz erfolgenden religiösen Annäherung ergibt sich nicht ein wieder näher ans Irdische Heranrücken Gottes, sondern charakteristischerweise ein Aufstieg des Menschen zu Gott. Die qualitative Dimension, d. h. die Höhe des Aufstiegs, entspricht dabei der zuvor geschaffenen Distanz, so daß diese zu einer wesentlichen Voraussetzung für das Heilsgeschehen wird.

Anders gesagt: Die Fähigkeit der Religion, die Distanz zwischen Mensch und Gott zu überbrücken, kann erst richtig zum Ausdruck kommen, nachdem diese Distanz erfahren wurde; und sie wirkt um so spektakulärer, je größer zuvor das Machtgefälle in Angst und Erkenntnis realisiert worden war. Auch hier kann also Angst als Voraussetzung für ein Heilsgeschehen begriffen werden, in dem der Mensch durch die Teilhabe an der erhöhten Position Gottes selbst erhöht werden kann – eine Teilhabe übrigens, deren irdische Vorstufen sich schon am Empfangen göttlicher Gnade oder göttlicher Hilfe zeigen und im Bewußtsein münden, ein echter Partner, Sohn oder Kind Gottes zu sein.

Angst, wir wissen das, kann lähmend sein. Sie kann auch zu blinder Flucht führen oder, wie bei der in die Enge getriebenen Ratte, zu verzweifelter, zerstörerischer Aggression. Diese drei natürlichen Angstreaktionen abzuwenden und die gestaute Energie der Angst so zu kanalisieren, daß sie zur religiösen Formung der Menschen eingesetzt werden kann, ist seit früher Zeit das Bestreben religiöser Spezialisten. Sie benutzen die Angst wie eine Rute als didaktisches Hilfsmittel, sie verordnen ihren Zöglingen ein Lernen unter Streß. Das hat zweierlei Gründe. Zum einen handelt es sich beim Umgang mit dem Göttlichen nicht um ein Spiel. Es ist vielmehr eine ernste Sache, die für das Überleben der Gruppe so wichtig erscheint wie das tägliche Brot. Der Zorn Gottes kann nicht riskiert werden: Zu deutlich ist die enge Verbindung von schöpferischer und zerstörerischer Macht, zu hilflos wäre der Mensch dem Zorne Gottes ausgeliefert. Zum anderen sind Schmerz und Streß, sofern sie nicht dauernd auftreten, sondern eine plötzliche Ausnahmesituation darstellen und gerade noch ertragbar sind, nicht nur hervorragende Gedächtnisstützen, die das Erlernte gleichsam wie mit einem Brandsiegel einprägen[15], sondern sie testen auch den Mut, das Durchhaltevermögen, die Selbstbeherrschung, die nötig ist, um im Umgang mit den Göttern zu bestehen.

So vollzog sich in vielen Stammesreligionen die Ausbildung für die Initiationsriten, die dem Erlernen der Mythen und Riten und Pflichten gewidmet war, unter gleichzeitiger Folter und gefährlichen Mutproben. In ganz anderem Zusammenhang, aber auf die Initiationsriten anwendbar, hat Kierkegaard das so ausgedrückt: „Führt Angst die Seele, so wird das Ängstliche und Kleinliche aus ihr herausgeängstet."[16] In den Initiationsriten der Stammesreligionen wurden die im sozialen Kontext benötigten Widerstandskräfte und das Selbstbewußtsein geschult – im Gegensatz zum Ausbildungsziel in den Hochreligionen, das vornehmlich Unterwerfung forderte: Unterwerfung unter den Willen Gottes und seine Gebote von der Nächstenliebe bis hin zu der Aufgabe, Schwert Gottes zu sein im Heiligen Krieg.

Die angsterzeugenden Techniken zur Durchsetzung oder Verinnerlichung dieser Gebote sind schon genannt worden. Vorausgesetzt wurde eine quasi juristische Beziehung zwischen Gott und Mensch, wobei Gott Gesetzgeber und Richter war, der Mensch aber die Wahl hatte, gesetzestreu und beschützt zu sein oder als Gesetzesbrecher bestraft zu werden. Um letztere Möglichkeit zu vermeiden, um die moralischen Gebote und die ethischen Normen in der Gesellschaft durchzusetzen, erschien die didaktisch eingesetzte Angst als geeignetes Mittel. Schuld, Sünde und Höllenstrafen waren die beherrschenden Elemente eines Psychoterrors, der durch literarische Ausmalung und durch bildliche Darstellungen des Kontrasts zwischen

[15] Während sich Erfahrungen unter kurzfristigen, intensiven Streßbedingungen, z. B. unter großen Schmerzen oder Todesangst tief ins Gedächtnis einprägen, wirkt sich gleichmäßiger Dauerstreß, wie er in Schulen häufig vorkommt, ausgesprochen hemmend oder mindernd auf das Lernvermögen aus.

[16] *Sören Kiergegaard,* Der Begriff der Angst, 165.

Paradiesesfreuden und Höllenqualen noch verstärkt werden konnte. Im übrigen diente die Vision einer kontinuierlichen Degeneration der einst gut geschaffenen Welt, die von Jahr zu Jahr schlechter wird und allmählich in Sünde versinkt, dem Schüren einer Panik, die gerade noch rechtzeitig zur Umkehr führen sollte: Nicht nur die Propheten Israels setzten dieses Mittel ein, sondern Degenerationslehren und Endzeitpanik gab es auch außerhalb der jüdisch-christlichen Tradition im Islam, im Hinduismus und in mehreren Stammesreligionen.

Wurde hier Angst von Religionen mißbraucht oder wurde sie sinnvoll eingesetzt, um religiöse Werte und soziale Reformen durchzusetzen? Die Geschichte hält Beispiele für beides bereit, so daß die Antwort nicht pauschal ausfallen kann. Ohne Zweifel bildet die Macht, die durch Angsterzeugung und Folter ausgeübt werden kann, eine gewaltige Versuchung für jede religiöse Institution – und sei es nur die Gruppe der Alten eines Clans in einem Stammesverband, die mittels der Initiationsriten die ungestüme Jugend bändigen und ihrer Kontrolle unterwerfen. Keine Religion ist ganz frei vom Mißbrauch solcher Macht, keine immun gegen den irdischen Machtanspruch religiöser Institutionen vom Medizinmann über die Priesterkaste, die Kirche und Staatskirche bis hin zur Theokratie. Auch spiegeln sich soziale Konflikte selbstverständlich immer wieder in den Religionen, häufig zur Verteidigung des Alten gegen das Neue, nicht selten aber auch zur Reform des Alten in Richtung auf eine humanere Welt. Zugleich beflügelt die Didaktik der Angst auch Mythologie und Theologie, Mystik und Philosophie, Literatur und Kunst.

Waren der Tod und die Todesangst bisher nur im Zusammenhang mit den *rites de passage,* also im Kontext der Initiationsriten, erwähnt worden, so müssen wir jetzt noch einmal darauf zurückkommen, weil sich an der Todesangst besonders deutlich zeigen läßt, in welchem

Maße auch die Ängste des Menschen kulturell geprägt sind. Es wäre ein Irrtum, zu glauben, die Todesangst sei unter den Menschen überall in gleicher Weise vorhanden. Wo sie vorhanden ist, kann es Tendenzen geben, die sie verstärken und andere, die sie verdrängen. Dem Kriegerethos z. B. gilt in vielen Teilen der Welt die Todesangst als ein Affekt, der überwunden werden kann und muß. Das galt für die alten Griechen ebenso wie für die nordamerikanischen Indianer oder die japanischen Samurai. Schon in der von Thukydides (II, 40–42) überlieferten Rede des Perikles auf die Gefallenen wird deutlich, daß Todesfurcht und die Hoffnung, im Schlachtgetümmel am Leben zu bleiben, als Nachteil gesehen wird, als eine Hemmung, welche die Einsicht in das notwendige Handeln behindert und Freiheit ausschließt. Solche Angst, sagt Perikles, vertrage sich nicht mit siegesgewissem Wagemut und todesverachtender Ruhmesliebe. Letztere aber war für die Griechen ein überaus hoher Wert, denn nur im Ruhm und im Gedächtnis der Nachwelt lebt der griechische Held wirklich fort. Das farblose Schattendasein in der Welt der Toten kann ihn nicht ersetzen.

Der Tod für das Vaterland gilt auch in späteren Jahrhunderten noch als süß, wenn Ruhm ihn begleitet. Bleibender Ruhm ist aber nur eine der Möglichkeiten, Angstgefühle durch einen dominanten Wert zu verdrängen. Islam und Christentum z. B. setzten in heiligem Krieg und Kreuzzug das Paradies als Preis aus für den Heldentod des Streiters für Allah oder für Christus.

Trotz solcher gelegentlicher Verdrängung von Todesangst spielt sie in unserer Kultur eine wichtige Rolle. Selbst der Sohn Gottes mußte diese Angst erleiden und mit der Todesangst auch die Angst vor der Gottverlassenheit. Denn wenn es gilt, daß Gott das Leben ist, dann stellt der Tod die größte Gottferne dar.

Auf den normalen Sterblichen übertragen, ist das nicht anders. Und da wir von der Einmaligkeit des Lebens ausgehen, da wir nur hier und jetzt eine Chance haben, uns der Gnade Gottes würdig zu erweisen, wird der Moment des Todes zu einem Zeitpunkt von größter Bedeutung: Was man bis dahin an Sünden angehäuft und nicht wieder gutgemacht, vor allem was man bis dahin nicht bereut hat, das haftet an der Seele und wiegt schwer im Jüngsten Gericht. Die Reue und die Absolution[17] vor Eintritt des Todes erhalten dadurch eine besondere Bedeutung für die jenseitige Existenz. Hier gewinnt folglich der Priester ein schicksalhaftes Amt, ganz zu schweigen von den Bestattungsriten, die in unterschiedlicher Form fast allen Kulturen eigen sind.

Im Hinduismus, Buddhismus und Jainismus hingegen glaubt man, mehrere Leben vor sich zu haben. Die Vorstellung der Wiedergeburt reduziert die Schrecken des Todes ein wenig. Vielleicht wird das nächste Leben auch besser; jedenfalls bietet es eine neue Chance, sich selbst zu vervollkommnen, um irgendwann einmal aus dem Kreislauf der Geburten endgültig auszusteigen.

In dieser Situation müßten Todesangst und Totenriten unnötig sein. In der Tat ist diese Angst wesentlich geringer als bei uns. Nicht selten ist sie gar nicht vorhanden, und eine priesterliche Präsenz in der Todesstunde ist nicht erforderlich. Wohl aber stirbt man gerne an heiligem Ort nahe dem Tempel eines Gottes oder am Ufer eines heiligen Stroms, der Unreinheit tilgt.

Interessanterweise findet trotzdem ein Totenritual statt. Es bezieht sich auf Totenvorstellungen,[18] die vor der Entstehung der Wiedergeburtslehre existierten und – wie sollte es anders sein – auf Angst gegründet waren, nämlich

[17] Daß es diesbezügliche Unterschiede zwischen den christlichen Konfessionen gibt, ist bekannt. Sie ändern jedoch wenig am Gesamtbild.

[18] *H. von Stietencron,* Tod und Wiedergeburt im Hinduismus, in: Hans Waldenfels (Hrsg.), Ein Leben nach dem Leben? Die Antwort der Religionen, Düsseldorf 1988; *ders.,* Rituali funebri e reincarnazione: sviluppi della concezione della morte, in: Studi e Materiali di Storia delle Religioni vol. 55, n.s.13,2, 1989.

auf die Angst, den Weg in die Welt der Verstorbenen nicht zu finden oder unterwegs von Dämonen angegriffen zu werden, oder schließlich, dort angekommen, von den Vorvätern nicht eingelassen zu werden, weil man rituell nicht gereinigt ist und keine Ahnenspende mitbringt. Das Überleben dieses Ritus zeigt, daß es die Priesterschaft verstanden hat, ihre Klientel zu erhalten, obwohl den Totenriten durch die neue Wiedergeburtslehre ihre anthropologische Begründung weitgehend entzogen war und auch die Todesangst keine so große Rolle mehr spielte. Die Todesangst wurde ersetzt durch die Angst, rituell unrein zu sein. Und die rituelle Betreuung bezieht sich nun auf eine Phase unbestimmter Dauer bis zur nächsten Wiedergeburt, obwohl diese ursprünglich als unmittelbar auf den Tod folgend vorgestellt worden war.

Das Beispiel zeigt die Persistenz von Ritualen, und es wurde auch nur erwähnt, um etwas für alle Religionen Gültiges aufzuzeigen: Theologien verändern sich, werden reformiert, neu interpretiert, sie passen sich den Veränderungen der Gesellschaft und den Bedürfnissen der Menschen an. Aber Rituale haben die Tendenz, ihre alten Formen zu bewahren. Daher sind sie für den Religionshistoriker interessante Zeugen früher Religiosität.

Zusammenfassend läßt sich aus religionsgeschichtlicher Sicht feststellen, daß Angst neben ihren bekannten negativen Aspekten auch eine Reihe von Funktionen erfüllt, die heilsfördernd sein können. Dazu gehören

1. eine die Selbsterkenntnis und die Gotteserkenntnis fördernde Funktion;

2. eine distanzierende und hierarchisierende Funktion, welche einerseits dem Menschen seinen bescheidenen Platz in der Schöpfung zuweist, andererseits aber auch das Ausmaß seiner möglichen Erhöhung erahnen läßt, wenn er in die Nähe Gottes gelangen sollte;

3. eine didaktische Funktion, welche sich in der Ver-

mittlung religiöser und sozialer Werte und Normen auswirken kann;

4. eine reinigende Funktion, die auch dazu beiträgt, die reine Ich-Bezogenheit zu überwinden; und

5. ganz allgemein die Funktion, das drohende Übel zu bemerken und es zu meiden.

Viel ist bis zu diesem Punkt von Angst die Rede gewesen, weil „Angst und Religion" das vorgegebene Thema dieses Buches war. Es sollte aber nicht der Eindruck entstehen, daß Angst die einzige oder auch nur die wichtigste Quelle der Religionen sei. Neben ihr gibt es andere wichtige Quellen religiösen Erlebens: das Staunen über die kleinen und großen Wunder der Welt; die Freude oder das Glück; die Ästhetik und den Sinn für die Schönheit; die Liebe; das Denken und Erkennen; sogar die Verzweiflung. Sie alle öffnen Fenster möglicher Gotteserfahrung. Sie zu fördern, sie zu pflegen oder – im Falle der Verzweiflung – sie schöpferisch zu verwandeln, sollte den Religionen besonders wichtig sein.

Religionen haben auch die Aufgabe, unnötige Ängste abzubauen. Zu häufig in der Geschichte haben sie mit der Angst gespielt, haben sie als Instrument mißbraucht, um Menschen zu manipulieren. Heute und in Zukunft sollten sie darauf verzichten. Völlige Angstfreiheit kann dennoch nicht das Ziel sein, jedenfalls nicht hier auf Erden, denn die Angst ist eine Gabe, sie hat ihren Sinn: Als eines unserer empfindlichsten Wahrnehmungsorgane läßt sie uns auch das unsichtbar Nahende spüren, warnt sie uns, macht sie uns hellwach. Und dies nicht nur bei Gefahren von außen, sondern auch von innen: In ähnlicher Weise wie das Gewissen meldet sie spontan, wenn etwas in bedrohlicher Weise nicht stimmt.

Gewiß gibt es häufig Fehlalarm. Das bedeutet aber nicht, daß Angst überflüssig wäre. Man sollte mit ihr besser umzugehen lernen, auf sie hören, ihr nachgehen, wenn sie uns zeigt, wo Gefahren drohen (z. B. in der Zerstörung unserer Umwelt). Hier liegt eine unserer Aufgaben und unserer Chancen. Doch als Reaktion auf die Angst ist weder Verdrängung noch Panik am Platz, sondern Weitblick und rechtzeitige Korrektur von Fehlentwicklungen. Solche Sensibilisierung und Reaktionsbereitschaft müßte auch die Aufgabe der Religionen sein. Zu versuchen, die Angst abzuschaffen, wäre daher völlig verfehlt.

Ulrich Hommes

Die Angst des Menschen

Philosophisch betrachtet

Angst – was ist das eigentlich? Man kann auf diese Frage wohl zunächst ganz allgemein sagen: Angst ist die Antwort darauf, daß ich mich in irgendeiner Hinsicht bedroht fühle. Angst ist eine Reaktion auf die Wahrnehmung von Gefahr, mag das, was mir da gefährlich werden will, nun von außen kommen oder aufsteigen aus mir selbst. Dabei kann sich die Bedrohung, auf die ich mit Angst reagiere, auf mein Leben insgesamt beziehen oder auf irgendwelche Teile, oder sie bezieht sich auf das, was dem Dasein eines anderen geschieht, kann sich beziehen zum Beispiel auf Unversehrtheit dessen, der zu mir gehört und den ich liebe. Und so, wie es Angst gibt vor körperlichem Schmerz und seelischer Verwundung, gibt es Angst vor Einbuße jeglicher Art, handle es sich um den Besitz materieller Güter oder um Ansehen, Macht und Freiheit. Oder es ist Angst vor Mangel in dem, was man zum Leben braucht, Angst in bezug auf die Arbeit etwa oder Angst, mit dem Partner nicht zurechtzukommen, Angst allein zu bleiben, Angst sich selbst zu verfehlen. Diese Aufzählung, die sich beliebig fortsetzen ließe, macht deutlich, daß der Mensch so ziemlich vor allem auch Angst haben kann – und schon dies ist Anlaß genug sich der Angst zu stellen und zu fragen, woher sie kommt, was sie uns sagt und was mit ihr verlangt ist von uns.

I. Das Potential der Angstbekämpfung

Da ich hier nicht alle die Theorien ausbreiten will, die die Philosophie über die Angst entwickelt hat, sondern mich ganz unmittelbar mit der Erfahrung von Angst beschäftigen möchte, darf ich vielleicht zunächst eine Unterscheidung herausstellen, die mir besonders wichtig scheint und an der für den richtigen Umgang mit Angst Entscheidendes zu lernen ist: Es gibt Angst, von der man sich befreien kann, und es gibt Angst, bei der dies nicht möglich ist, die man nicht los wird, mit der man leben muß, mit der zu leben wir lernen müssen. Das hört sich zunächst sehr selbstverständlich an. Aber wer dieser Unterscheidung wirklich nachgeht, der kann manches entdecken.

Zunächst zu den Ängsten, von denen man sich befreien kann. Wohl jeder kennt das von sich selbst her. Da empfindet man zum Beispiel in einer ganz bestimmten Situation, angesichts gewisser Schwierigkeiten, zunächst beträchtliche Angst. Später aber, im weiteren Verlauf der betreffenden Unternehmung oder bei Wiederkehr der Umstände, die einen so bedrängten, wirkt die Angst plötzlich nicht mehr so störend, vielleicht verschwindet sie sogar.

Gemeint ist dabei nicht, daß eine Angst schwindet, weil die Sache, auf die sie sich bezieht, die Situation selbst, sich ändert. Gemeint sind vielmehr Fälle, wo das, was zunächst Angst macht, äußerlich gesehen sehr wohl bleibt, wo wir aber auf das unverändert Gebliebene doch nicht mehr mit solcher Angst reagieren, wo ich zum Beispiel heute das gleiche zu leisten habe wie vor einiger Zeit, bloß daß ich zunächst davor Angst hatte und das heute ohne Angst schaffen kann.

Die Psychologen, genauer die Anhänger der Verhaltenstherapie, sprechen da gerne vom „Verlernen der Angst“. Sie gehen davon aus, daß menschliches Verhalten weithin erlernt ist. Wenn man sich aber zum Beispiel Abwehr und Erschrecken antrainieren kann, kann man sich das wohl auch wieder abtrainieren. Dementsprechend gibt es eine Fülle von Anti-Angst-Programmen auf dem Markt, Bücher, Kurse, Seminare, die uns helfen sollen, eine bestimmte Angst Stück für Stück abzubauen – die Angst vor dem Reden zum Beispiel oder die Angst vor dem Fliegen. In bezug auf viele Ängste gibt es tatsächlich Methoden, die zu Angstbefreiung führen – ohne daß es dazu sehr umfassender Therapien bedarf und ohne daß der Betroffene sich durchanalysieren lassen muß bis in die letzten Winkel des Unbewußten hinein.

Diese Entdeckung, auf die die Verhaltenstherapie so stolz ist und die sich nicht zuletzt auch sehr gewinnbringend vermarkten läßt, sie besagt im Grunde nicht viel mehr als das, was die meisten unter uns an sich selbst erfahren haben und mehr oder weniger gekonnt praktizieren. Ja, wer immer seine Erfahrungen etwas aufmerksamer verfolgt, praktiziert das nicht nur, er wird sich von dem angesprochenen Zusammenhang auch schon selbst ausdrücklich Rechenschaft gegeben haben.

Ich möchte dazu eine kleine Geschichte von Goethe zitieren. In „Dichtung und Wahrheit" spricht er bei seinem Bericht über die Straßburger Zeit auch von Dingen, die ihm immer wieder zu schaffen gemacht haben, von bestimmten Geräuschen und Gegenständen zum Beispiel, und dann heißt es:

„Besonders aber ängstigte mich ein Schwindel, der mich jedesmal befiel, wenn ich von der Höhe hinunterblickte. Diesem Mangel suchte ich abzuhelfen und zwar – weil ich keine Zeit verlieren wollte – auf eine etwas heftige Weise. Ich erstieg ganz allein den höchsten Gipfel des Münsterturms und saß in dem sogenannten Hals, unter der Krone, wohl eine Viertelstunde lang, bis ich es wagte, wieder heraus in die freie Luft zu treten, wo man auf einer Platte stehend, ohne sich sonderlich anhalten zu können, das unendliche Land vor sich sieht, indessen die nächste Umgebung, die Zierraten nämlich, einem die Kirche und alles, worauf und worüber man steht, verbergen. Es ist völlig, als ob man sich auf einer Montgolfiere in die Luft erhoben sähe. Dergleichen Angst wiederholte ich so oft, bis der Eindruck mir immer gleichgültiger ward, und ich habe nachher, bei Bergreisen und geologischen Studien, bei großen Bauten, wo ich mit den Zimmerleuten um die Wette über die freiliegenden Balken und über die Gesimse der Gebäude herlief, ja in Rom, wo man eben dergleichen Wagstücke ausführen muß, um bedeutende Kunstwerke näher zu sehen, von jenen Vorübungen großen Nutzen gezogen."

Soweit Goethe. Natürlich sind wir nicht immer in der Lage, unsere Ängste ähnlich klar zu erkennen und so direkt gegen sie anzugehen. Zuweilen haben sie sich auch zu neurotischen Fehlhaltungen ausgewachsen, die uns so behindern, daß wir auf fremde Hilfe angewiesen sind. Dies soll gar nicht bestritten werden. Bloß ist wohl auch nicht zu bestreiten, daß wir für gewöhnlich in uns selbst über ein sehr viel größeres Potential zur Angstbekämpfung verfügen, als tatsächlich aktiviert wird, wenn man sich so leicht wie gegenwärtig üblich zu Pillen und Therapien verlocken läßt. In vielen Fällen brauchten wir vor allem eine andere Einstellung zur Angst. Oft läge wohl darin schon eine entscheidende Hilfe.

Goethe spricht von einem Schwindel, der ihn befällt, wenn er von einer Höhe hinunterblickt, und dieser Schwindel stört ihn so sehr, daß er ihn loswerden muß. Deshalb beginnt er ein regelrechtes Training, das heißt, er verlernt die Angst, indem er immer wieder auf den Turm steigt, wo er das Gefühl bekommt wie in einem Ballon über allem zu schweben. Natürlich hätte er dies auch sein lassen können. Man muß ja nicht auf Kirchtürme steigen, wenn man nicht gerade Steinmetz ist und die Kreuzblume zu reparieren hat, das heißt, man kann eine Situation, die Angst auslöst, sehr oft auch einfach meiden.

Aber hier muß man nun besonders aufpassen. Zwar ist es eine naheliegende Reaktion, Situationen, die angst machen, lieber zu meiden. Doch zum einen: Wenn man gerne von oben weit hinausschaut und einem dies Hinausschauen etwas Wichtiges bedeutet, hilft es nicht viel, um Kirchtürme oder Bergspitzen einfach einen großen Bogen zu schlagen. Denn wir enthalten uns dann ja gerade vor, was wir an Positivem, Bewegendem und Erfüllendem empfangen könnten an jener Stelle die wir meiden, weil wir da Angst bekommen. Und zum andern: Wir können keineswegs immer die Situationen meiden, die Angst auslösen, selbst wenn wir bereit wären, lieber etwas ärmer zu leben, und das heißt, auf manch positive Erfahrung zu verzichten. Mit zu vielen Situationen kann sich Angst verbinden, und so ist es wohl besser, sich der Angst zu stellen und, soweit immer das geht, sich auch tatsächlich von ihr zu befreien. Schließlich ist eine besondere Tücke der Angstvermeidung, daß sie uns für den Moment zwar befreit, insgesamt aber unser Angstpotential eher vergrößert.

Wir können also festhalten: Es gibt eine Reihe von Ängsten, die man sehr gezielt abbauen kann. Wir können mit ihnen fertig werden, indem wir sie uns abtrainieren, sie systematisch verlernen. Verlernen durch Einsicht und Übung, dadurch zum Beispiel, daß ich in der Entwicklung der eigenen Kräfte Vertrauen gewinne in mein Können oder dadurch, daß ich im Zusammenwirken mit anderen erfahre, daß ich mich auf sie und ihre Kraft verlassen kann.

II. Mit der Angst leben lernen

Aber auch wenn wir uns von mancherlei Ängsten befreien können, darf man deshalb nicht meinen, der Mensch könne insgesamt zu einem Leben ohne Angst finden. Wir müssen uns vielmehr eingestehen, daß es Ängste gibt, gegen die auf diese Art nicht viel auszurichten ist. Sich hierüber wirklich Rechenschaft zu geben, scheint mir vor allem deshalb wichtig, weil gerade diese Ängste eine

Dimension des menschlichen Daseins erschließen, von der wir ohne die Angst wohl noch weniger Ahnung hätten.

Das heißt, es gibt zwar Angst, von der ich mich tatsächlich befreien kann, aber es gibt auch Angst, bei der solches nicht möglich ist und die mich um so stärker bedrängt, je mehr ich sie als etwas Feindliches abzuwehren suche. Oft hängt solche Angst mit schwerwiegender Einschränkung zusammen, die sich unlösbar mit unserem Leben verbunden hat. Oder sie spiegelt ganz direkt die Erfahrung von Endlichkeit, die unser ganzes Leben durchzieht. Auch Entwicklung und Steigerung des eigenen Könnens oder Vertrauen in das Können anderer kann da die Bedrohung nicht wegbringen. Zwar können eigene Anstrengungen und der Beistand anderer sehr wohl helfen, auch mit dieser Angst fertig zu werden. Mit der Angst fertig werden, das aber heißt hier nicht „die Angst loswerden", mit der Angst fertig werden heißt hier „mit der Angst leben lernen" und sich von der Angst nicht um das Lebenkönnen bringen lassen.

Leben, das sich lohnt, beginnt nicht erst dort, wo einer keine Angst mehr hat und keine Angst mehr zu haben braucht. Mitten in Ängsten vollzieht es sich. Auch die Angst gehört zu uns, wir brauchen vor ihr nicht zu kapitulieren. Wir sollten nur etwas genauer hinsehen.

Nehmen wir als Beispiel die Angst vor dem Tod. Solche Angst haben wir uns ja wohl nicht angelernt, sie ist Zeichen unserer Endlichkeit. Angst als Zeichen der Endlichkeit, dies aber bedeutet nicht nur, daß wir zu verstehen haben, wie das Sich-ängstigen-Müssen des Menschen ganz grundsätzlich in der Endlichkeit seines Daseins wurzelt, es heißt auch aus einem angemessenen Verständnis von Endlichkeit zu lernen für den richtigen Umgang mit der Angst.

Angst vor dem Tod, spätestens im Alter trifft das jeden, wenn ihn nicht vorher schon ein Unfall oder schwere Krankheit vor die Grenze des Lebens gebracht hat, oder aber der Tod eines nahen Angehörigen. Sieht man etwas genauer zu, wird man wohl feststellen, daß den meisten „das Sterben“ und nicht etwa „Totsein“ die größere Angst macht. Was werde ich da durchmachen müssen, körperlich und seelisch? Im Sterben, so fürchten wir, erwarten uns die bittersten Dinge, die Trennung von allem, was uns lieb und vertraut ist, Zerfall des Lebenssinns. Was da wirklich vorgeht, wir können es uns nur sehr schwer vorstellen, nicht zuletzt deshalb sehen wir ihm so hilflos entgegen.

Solche Angst vor dem Tod kann man sich kaum abtrainieren. Aber man kann einiges tun dazu, in ihr nicht zu versinken. Man könnte zum Beispiel das Loslassen üben, sich einüben in die Kunst, Einschränkungen zu ertragen, Verluste hinzunehmen, in Abgründe zu fallen. Loslassenkönnen, das heißt, sich lösen auch von bestimmten Vorstellungen, Erwartungen und Wünschen, die uns einmauern, ohne daß ihnen Erfüllung zuteil werden kann. In vielfacher Gestalt greift etwas vom Tod in unser Leben, lange bevor wir sterben müssen. Krankheit, das Altern, alles Abschiednehmen, es sind dies nicht nur Vorboten des Todes, sondern ein Stück des Todes selbst mitten im Leben.

Und ein Zweites, das helfen könnte gegen die Angst vor dem Tod, es wäre dies, bewußt zu fragen, ob mit dem Tod tatsächlich alles vorbei sein muß. Ist der Tod ein katastrophischer Schluß, mit dem von hinten her alles verneint wird, was wir an Hellem, Tragendem und Bergendem im Leben erfahren? Oder sind die Erfahrungen, die wir im Leben und mit dem Leben machen, so beschaffen, daß der Tod nicht vernichten kann, was uns da gesagt worden ist? Gibt es Gründe dafür, anzunehmen, daß der Tod nicht das Letzte sein kann?

In vielfacher Weise können wir Zeichen dafür entdekken, daß das Vertrauen ins Leben tatsächlich weiter reicht, als die Angst zuzulassen scheint. Der eine oder andere unter uns ist wohl schon beim Sterben eines kranken oder einfach nur sehr alten Menschen zugegen gewesen. Und dann hat er vielleicht erlebt, wie nach überaus heftigem Todeskampf, wo sich offensichtlich alles verkrampfte in dem, der da sterben mußte, wie da mit dem Tod selbst ein großer Friede sich ausbreitete über das Gesicht, wie das Gesicht sich nicht nur entspannte, sondern in eigenartiger Weise zu leuchten begann. Ganz so als sei am Ende dieses Durchgangs eben nicht Nacht und Nichts, sondern Weite und Licht. Dies hat etwas Tröstliches: Hinaustreten, den Willen freigeben, sich loslassen, ins Licht geführt werden – wer solches gesehen hat, der braucht in der Angst nicht mehr unterzugehen.

Das heißt, wir dürfen den Blick gewiß nicht von der Schreckgestalt des Todes wenden. Aber wir können uns soweit einüben, sei es im Nachdenken über den Tod oder in der unmittelbaren Begleitung eines Sterbenden, daß wir diesen Blick ertragen. Auch dann verlieren wir zwar nicht die Angst vor dem Tode. Aber diese Angst muß uns nicht mehr verzehren und uns nicht hindern, jenen Spuren zu folgen, die als Spuren des Lichts über das endliche Leben selbst hinausweisen.

In dem Maße jedenfalls, wie einer das für möglich hält oder gar davon überzeugt ist, daß mit dem Tod nicht alles zu Ende ist, in dem Maße wird er sich nicht an solches klammern müssen, was der Tod ihm mit Sicherheit nimmt. Das heißt, wer darauf setzt, daß es mit uns in irgendeiner Weise weitergehen wird, der müßte die Angst leichter ertragen können als einer, für den mit dem Tod wirklich alles zu Ende zu sein scheint. Ganz unverkennbar jedenfalls ist es denen noch am ehesten möglich, angesichts des Todes nicht zu verzweifeln, die irgendwie aus dem Glauben an eine Verheißung leben, mag diese Verheißung auch noch so unterschiedlich ausgedrückt werden.

Ich möchte in diesem Zusammenhang auf ein Gedicht hinweisen, das Ernst Ginsberg kurz vor seinem Tod geschrieben hat. Eine schwere Lähmungserkrankung trieb diesen großen Schauspieler auf ein bitteres Ende hin. Nicht

Arme und Beine nur, auch die Sprache hatte den Dienst versagt. Gerade in dieser Situation aber hält er fest, es sei „eine so gewaltige, irdisch unerfüllbare Sehnsuchtskraft in das Menschenherz gelegt", daß man gar nicht denken könne, „es würde dieser Sehnsucht nicht eine Wirklichkeit nach dem Tode Genüge leisten". „Die Wahrheit" – so ist dieses Gedicht überschrieben:

Daß niemand prahl, ich sei ein Held gewesen!
Zwar konnt ich fest dem Tod entgegenschauen
jedoch vorm Sterben fühlt ich kaltes Grauen.
Sterben ist einsam. Tod ist das Genesen.

Wohl werdet ihr in diesen Zeilen lesen
von unerschütterlichem Gottvertrauen.
Doch niemand kann auf Menschenkräfte bauen –
oh nein! Gott weiß: ich bin kein Held gewesen.

Ich habe viel und bitterlich geweint
in leerer Krankenzimmernacht gefangen
schwach wie ein Kind, das nach der Mutter greint

von Angst gewürgt, gejagt von schwarzem Bangen
dem nicht das kleinste Erdenlicht mehr scheint.
So, nackt und zitternd, sollt ich heimgelangen.

Von Angst gewürgt, das ist für Ginsberg die Wahrheit. Doch ist es die Wahrheit auch nur in der Einheit mit dem Heimgelangen. „So, nackt und zitternd, sollt ich heimgelangen." Und mit diesem letzten Wort, mit dem, was das Heimgelangen sagt, kann auch die fürchterlichste Angst „ins Leuchten geraten".

Der Umstand, daß in der Angst vor dem Tod in so besonders deutlicher Weise sichtbar wird, was uns endliche Wesen umtreibt, hat dazu geführt, als das Eigentliche in aller Angst diese anfängliche Beängstigung zu vermuten, die zuletzt das Lebenkönnen selbst meint. Immer wieder hat man gesagt, daß alle Angst im Grunde Todesangst ist,

Angst vor dem Nichtsein. Mir scheint dennoch, daß wir keinen Grund haben, jede Angst in diesem Sinne gleich als Angst vor dem Tod zu verstehen. Man verliert nämlich zu rasch den konkreten Sachverhalt aus dem Blick, wenn man sich gleich auf solches stürzt, das vemeintlich dahinter liegt, wenn man immer auf das Entdecken von Ursachen aus ist, die irgendwo hinter dem Wahrgenommenen liegen könnten. Und man verkennt zu leicht, wieviel tatsächlich auch im Äußeren an Hilfe zu finden ist gegen die Angst. Das heißt, man darf nicht sagen, daß alle Angst eigentlich Angst ist wegen des Sterbenmüssens. Wohl aber hängt alle Angst damit zusammen, daß der Mensch ein endliches Wesen ist. Der Grund der Möglichkeit von Angst ist diese Endlichkeit, und man muß sich von dieser Dimension der Angst sehr wohl Rechenschaft geben, wenn man eine Antwort auf die Angst sucht.

III. Die modernen Ängste

Bevor ich von hier aus einen Schritt weitergehe, muß ein Sachverhalt angesprochen werden, der in mehrfacher Hinsicht Beachtung verlangt. Wohl jedem, der sich mit der Angst beschäftigt, fällt auf, daß es gegenwärtig nicht nur Ängste gibt, die zu allen Zeiten das menschliche Dasein begleiteten, die Angst eben zum Beispiel vor Krankheit, vor dem Alter oder vor dem Tod. Den Menschen heute bedrängen vielmehr Ängste, die frühere Zeiten so nicht gekannt haben. Die Angst zum Beispiel vor dem Eintritt katastrophaler Folgen der Entwicklung von Technik und Wissenschaft, die Angst vor der fortschreitenden Vergiftung und Zerstörung der natürlichen Umwelt, oder – zumindest bis vor kurzem – die Angst vor der Bedrohung des Friedens durch immer schrecklichere Waffensysteme. Das heißt, wir haben es heute vielfach mit Ängsten zu tun, die eben mit den Besonderheiten der modernen Welt zusammenhängen, die sich aus dem Eigenen und Eigentümlichen dieser modernen Welt ergeben.

Auf den ersten Blick nimmt sich die Rede von spezifisch modernen Ängsten allerdings geradezu paradox aus. War es nicht das angestrengte Bemühen der ganzen Neuzeit, aus Zusammenhängen freizukommen, die früheren Zeiten angst gemacht haben? Die ganze Entwicklung von Wissenschaft und Technik sollte doch zu einem sicheren und unbeschwerteren Dasein helfen. Und hat nicht der Fortschritt von Wissenschaft und Technik gerade in diesem Jahrhundert da Beachtliches gebracht?

Es ist nicht zu verkennen, daß wir tatsächlich mit sehr vielem fertig geworden sind, was die Menschen früherer Zeiten bedrängte. Bloß haben wir mit dem ganzen Fortschritt nicht nur Situationen bewältigt, die angst gemacht haben, wir haben auch eine Situation heraufgeführt, in der neue Angst ersteht, haben Prozesse angestoßen und Kräfte freigesetzt, die ihrerseits angst machen. Die Menschen früherer Zeiten fürchteten wohl vor allem Naturgewalten, Unwetter und Epidemien. Solchen Dingen gegenüber wußten sie sich machtlos. Heute fürchten wir uns eher vor uns selbst, vor dem, was der Mensch alles kann und vor dem, was er alles tut, ohne die Folgen seines Tuns zu überblicken. Wir fürchten uns, weil das, was wir entfesselt haben, uns über den Kopf gewachsen scheint und ein Eigenleben zu führen beginnt, das sich gegen uns wenden muß. Das heißt, in den modernen Ängsten wird der Mensch auf ganz eigene Art mit sich selbst konfrontiert. Angst ersteht hier aus dem Gefühl von Ohnmacht gerade demgegenüber, was der Mensch sich selbst zurechnen muß. Es ist die Angst vor einer Katastrophe, die sich aus unserem auf Wohlstand, Sicherheit und Freiheit gerichteten Handeln ergeben könnte, wo uns Beschädigung oder Untergang des Lebens drohen, nicht weil irgendeiner etwas Böses will, sondern in der Konsequenz dessen, was wir in durchaus guter Absicht bisher getan haben.

Genau hier aber liegt dann auch der Schlüssel für den rechten Umgang mit dieser Angst. Denn dem, was droht als mögliche Konsequenz des eigenen Tuns, dem kann man sehr wohl im Tun auch begegnen. Daß ich als einzelner zunächst nicht viel ausrichten kann, ja daß wir vielleicht alle zusammen für die Lösung bestimmter Probleme noch gar keinen sicheren Weg sehen, alles dies ändert nichts daran, daß es sich in den genannten Ängsten um Angst handelt vor Entwicklungen, die man in den Griff bekommen kann, wenn man die Voraussetzungen und die Ziele des eigenen Tuns nur genauer befragt und notfalls in der einen oder anderen Hinsicht entschieden genug umdenkt.

Für den Beginn solchen Umdenkens gibt es inzwischen zahlreiche Beweise, am deutlichsten vielleicht im Bereich der Abrüstung und des Umweltschutzes. Es ist nicht nur die Bedrohung gewachsen, sondern in ganz großem Maße auch das Bewußtsein der Gefahr. Und aus solchem Bewußtsein der Gefahr heraus können sich die Kräfte entwickeln, deren es bedarf, um mit dem fertig zu werden, was vielen heute angst macht.

IV. Angst als Stimmung

Wenn es Sinn haben soll, von spezifisch modernen Ängsten zu reden, muß hier freilich auch ein ganz anderer Sachverhalt noch zur Sprache kommen. Wir stoßen in der modernen Welt nicht nur auf solch neue Situationen, die von außen her angst machen. Wir erleben vielmehr, wie da eine Angst vom Menschen Besitz ergreift, die insoweit zumindest grundlos scheint, als gar nicht zu sehen ist, worauf sie sich bezieht. Ich möchte verdeutlichen, was gemeint ist, indem ich die viel diskutierte Unterscheidung von Angst und Furcht aufnehme. Angst und Furcht, so hört man ja immer wieder, seien zwar nah verwandt, aber es gebe einen wesentlichen Unterschied, und auf den, so wird behauptet, mache schon unsere Sprache aufmerksam. Danach soll sich Furcht immer auf etwas Bestimmtes beziehen: Man fürchtet sich vor einer konkreten Gefahr, vor einem Überfall, vor einer Strafe, fürchtet sich vor dem Verlust einer Sache, oder vor einem bestimmten Schmerz. Das heißt, Furcht richtet sich immer auf angebbare gegenständliche Bedrohung, sei diese Bedrohung nun wirklich oder auch nur vorgestellt.

Anders dagegen die Angst. Wo wir von Angst sprechen, so meint diese Unterscheidung, geht es um etwas, das gerade nicht gegenstandbezogen ist. Angst hat keinen bestimmten Gegenstand, auf den sie sich bezieht, es gehört zur Angst, daß sie in diesem Sinne unbestimmt ist. Sowohl in der Angst wie in der Furcht würde demnach der Mensch antworten auf etwas, das ihm wie eine Bedrohung vorkommt. Bloß bezieht er sich in der Furcht auf eine Situation, in der die Gefahrenquelle deutlich auszumachen ist. Angst aber meint jene Situation, in der das, was als Gefahr empfunden wird, unbestimmt bleibt.

Obgleich dies unter Berufung auf das Sprachempfinden immer wieder präsentiert wird, muß man doch sagen, daß eine so grundsätzliche Unterscheidung zwischen Angst und Furcht von der Sprache her nicht möglich ist, daß Angst und Furcht vielmehr bedeutungsmäßig stark ineinanderfließen und daß historisch gesehen sogar das Wort „Furcht“ ganz eindeutig mehr und mehr vom Wort „Angst“ verdrängt wird. Das heißt, immer mehr wird das, was früher vielleicht tatsächlich eher Furcht hieß, heute schlicht Angst genannt. Natürlich kann man nach wie vor sagen: Das Kind fürchtet sich vor dem Hund. Aber man kann eben genauso sagen: Das Kind hat Angst vor dem Hund, der Schüler hat Angst vor dem Lehrer, der Mann hat Angst vor der Frau, der eine hat Angst vor dem Leben, der andere Angst vor dem Tod.

So halte auch ich selbst nicht viel von einer strengen

begrifflichen Trennung zwischen Angst und Furcht. Wohl aber ist das, was in solchen Versuchen der Unterscheidung als der eigentliche Gehalt im Begriff „Angst" gegen die Furcht geltend gemacht wird, für die Angst insgesamt von großer Bedeutung. Es beschreibt sozusagen eine besondere Form von Angst in sehr treffender Weise. Das heißt, es gibt Angst, die genau von daher zu begreifen ist, daß wir eigentlich keinen Grund für sie erkennen, daß sie sich auf keinen bestimmten Gegenstand bezieht, sondern insoweit unbestimmt ist, Angst, bei der wir nicht feststellen können, was uns angst macht, wovor wir Angst haben, und die uns dennoch durch und durch belastet und bedrückt. Und es kennt nicht nur jeder von uns auch solche Angst, es spricht vieles dafür, daß eben diese Angst in ganz besonderer Weise eine Angst des modernen Menschen ist, ja daß sie vielleicht überhaupt den charakteristischen Schatten des Lebens in der modernen Welt darstellt.

Man kann sich diese Angst wohl am besten verdeutlichen als Stimmung. Angst als Stimmung – um zu verstehen, was das heißt, muß man sich vor Augen halten, daß keineswegs einfach der Verstand das Wesen des Menschen ausmacht. Denken und Vorstellen sind keine Vollzüge, die in sich selbst ruhen; sie wachsen aus einem tieferen Grund hervor. Zu diesem Grund gehören die Stimmungen. Das menschliche Leben wird seiner selbst und der Welt inne immer schon in einer ganz bestimmten Färbung. Da gibt es gehobene Stimmungen, wie Freude und Glück und es gibt gedrückte Stimmungen, wie Angst und Trauer. Es gibt eine Stimmung, die alles aufschließt, wo uns nur Beschwingendes entgegenkommt und die ursprüngliche Einheit von Mensch und Welt sich zeigt. Und ganz ähnlich gibt es eine Stimmung, die uns von allem trennt, in der uns alles fremd vorkommt, bedrohlich, feindlich und leer.

Neben Freude über ein ganz bestimmtes Ereignis gibt es also als positive Stimmung so etwas wie grundlose Heiterkeit – und ganz ähnlich gibt es auf der anderen Seite nicht nur das Erschrecken vor einer ganz konkreten Bedrohung, sondern auch grundlose, abgründige Angst. Dabei liegt gerade in der Grundlosigkeit, darin, daß wir gar nicht sagen können, wovor wir uns ängstigen, das besondere Erschwernis. Denn wo die Bedrohung gar nicht von einem bestimmten Gegenstand oder einem bestimmten Ereignis ausgeht, können wir uns gegen die Bedrohung auch nur schlecht wehren.

Vielfach stoßen wir heute auf Angst im Sinne solcher Grundgestimmtheit, in der tatsächlichen Lebenseinstellung unserer Zeitgenossen so gut wie in der Literatur, der Kunst, der Philosophie. Wo da von Angst gesprochen wird, ist weithin solche Angst gemeint – Angst, die aus der Erfahrung eines ganz grundsätzlichen Ausgesetztseins ensteht, aus der Erfahrung von Zerissenheit und Ungeborgenheit im Ganzen.

V. Die Selbstverschließung des Menschen

Was dies bedeutet, welch weitreichender Wandel der Grundstellung des Menschen zu sich selbst und zur Wirklichkeit sich in dieser Angst zeigt, kann man wohl nur abschätzen, wenn man einen Blick in die Geschichte des Denkens wirft. Auch die Antike zum Beispiel beschäftigt sich mit der Angst vor einem ganz bestimmten feindlichen Gegenüber. Nirgendwo aber sehen wir das ausgeweitet zu einer allgemeinen Weltangst. Die griechische Philosophie stellt vielmehr das Ganze der Welt als eine Ordnung heraus, die vom Guten bestimmt ist. Ihre Haltung des Vertrauens in das, was ist, ist der Grund dafür, daß es gegenstandslose Angst hier nicht gibt.

Ein ähnliches Vertrauen bestimmt das Denken auch, als mit dem Eintritt des Christentums in die Geschichte der Mensch sein Dasein in der Welt immer deutlicher als etwas bloß Vorläufiges zu verstehen beginnt. Hier bedeutet

In-der-Welt-Sein zunehmend auch Angst-haben-Müssen. Aber die Angst in der Welt hat ihren Sinn in bezug auf die Verheißung des Heils, das heißt Angst ist ein religiös zu deutendes Phänomen, ist angelegt auf Erlösung. Auch die mittelalterliche Auffassung des Daseins bleibt also geprägt von der Überzeugung einer Ordnung, die trägt. Der Mensch muß sich als Fremdling wissen in dieser Welt, aber er kann sich der Welt in großer Freiheit zuwenden und in ihr wirken, weil sie bei aller Heilsbedürftigkeit Schöpfung Gottes ist.

Mit dem Beginn der Neuzeit wird das anders. Das christliche Bewußtsein tritt in den Hintergrund. Aber es tritt auch in den Hintergrund die philosophische Frage nach dem zuhöchst Seienden, nach jenem vollkommenen Wesen, von dem her und auf das hin endliche Vernunft sich entfaltet. Autonomie lautet jetzt die Devise. Eine neue und bisher so nicht praktizierte Einschätzung der Welt setzt sich durch: Welt als System, das beherrscht werden kann.

Gewiß ist bei diesem Wechsel, in der Aufklärung zum Beispiel, wo sich der Autonomieanspruch des Menschen durchsetzt, Angst zunächst kein auffallendes Phänomen und demgemäß auch kaum Thema der Philosophie. Aber die Weichen sind entsprechend gestellt, und das zeigt sich, wo dann – ab dem späten 19. Jahrhundert – das Vertrauen in die Vernünftigkeit der Welt brüchig zu werden beginnt. Nun tritt das Problem der Angst mit aller Schärfe hervor. Und nun ist Angst nicht mehr wie zuvor zu bestehen, denn der Glaube an das Geschaffensein der Dinge und der Glaube an das Eingebundensein des Menschen in eine vorgegebene Ordnung scheinen überholt. Der Mensch, der sich nur noch an sich selbst halten wollte, muß es nun auch mit sich allein aushalten. Dafür, daß dies gar nicht so leicht ist, gibt es viele Beispiele. Jetzt taucht Angst auf als Grundbefindlichkeit des menschlichen Daseins.

Man spricht gerne von der kopernikanischen Wende

der Neuzeit in dem Sinne, daß da nicht nur eine Revolution des astronomischen Weltbilds stattgefunden hat, sondern die Stellung des Menschen zur Welt sich radikal verändert. Wenn die Erde aus der Mitte des Weltalls rückt und Gott sich in die Unendlichkeit entzieht, dann ist der Mensch auf sich selbst gestellt. Das neuzeitliche Subjekt wird geboren und mit ihm der Begriff eines Wesens, das in radikaler Weise über sich selbst verfügt und alles andere auf sich als die Mitte des Ganzen zu stellt. Die Dinge, Natur und Welt, sie sagen nun nicht mehr sehr viel, sie werden zum berechenbaren, nutzbaren Material. Und in dem Maße, wie der Mensch Subjekt wird, lockern sich die Bindungen an den andern, an das Miteinander, an die Gemeinschaft, die ihn bis dahin getragen hat. Hier dürften die tiefsten Gründe der Angst des modernen Menschen liegen, von hier aus jedenfalls ist sie verstehbar, mag solches Verständnis auch noch so unbequem sein.

Will man fassen, was Angst heute bedeutet, muß man sich von diesem geschichtlichen Wandel Rechenschaft geben. Das besondere Gewicht, das der Angst in der modernen Welt zukommt, schließt sich meines Erachtens überhaupt nur von hier aus wirklich auf. Viele der maßgeblichen Denker, vor allem Heidegger, Jaspers, Sartre und Camus, sie gehen von solch tiefreichender Angst aus, die zuletzt einfach gegenstandslose Weltangst ist. Solche Angst bedarf keines äußeren Anstoßes im Sinne konkreter Bedrohung, vielfach scheint es geradezu umgekehrt: Das erste ist die Angst, und diese Angst sucht sich dann auch noch den Gegenstand. Die Angst jedenfalls, die hier in den Vordergrund tritt, ist das vor jedem konkreten Anlaß schon vorhandene Gefühl unsäglicher Bedrohtheit, jene Stimmung, in der sich so etwas zeigt wie die Hineingehaltenheit des Daseins in das Nichts.

Von Gerhard Schumann gibt es in den „Liedern der Umkehr“ ein Gedicht, das überaus eindrucksvoll darauf aufmerksam macht, wie solche Auslieferung an das Nichts die Folge eben des Anspruchs der Autonomie ist, die Folge insbesondere der im Prinzip der neuzeitlichen Autonomie enthaltenen Absage an den Gedanken Gottes. Dieses Gedicht lautet so:

Als wir ihn ließen, waren wir verlassen,
ein welker Zweig, den man vom Baume bricht.
Der ewigen Sonne Zeugungsgluten blassen.
Im Herzen brennt uns grelles Lampenlicht.

Auch schmerzenssüße Welt ist schon verloren.
Gebirge, Blüte, Meer hüllt dumpfer Schein.
Und selbst die Liebe stirbt, in Angst erfroren.
Nun sind wir groß. Nun sind wir ganz allein.

Wir reden, weil es tödlich uns umschweigt.
Wir jagen, die aus Angst zur Tat Verfluchten,
die immer doch nur eigne Fratze zeigt.

Wir hören schon das Schreiten des Gerichts.
Wir tun, als ob wir eifrig etwas suchten.
Und wissen schon: wir finden nur das Nichts.

VI. Das Verlangen nach Geborgenheit

Läßt man sich auf den hier skizzierten Zusammenhang wirklich ein, so schließt sich in bezug auf die moderne Angst mancherlei auf. Zahlreiche Untersuchungen verweisen für das Anwachsen der Angst auf den Umstand, daß die Menschen heute ganz allgemein unter einer eigentümlichen Beziehungslosigkeit leiden. Ganz offensichtlich hat gerade Beziehungslosigkeit Angst zur Folge, so wie Beziehungslosigkeit auch zu gesteigerter Aggressivität führen kann. Damit aber ist Wesentliches angesprochen, wenn wir sehen, daß der Mensch sich in seinem Herrschaftswillen loslöst aus allen ursprünglichen Bindungen, aus den Bindungen an die Natur ebenso wie aus den Bindungen an den Andern und aus der Bindung an das, was über Mensch und Welt steht und das unsere Sprache von alters her das Göttliche nennt oder Gott. Aus solcher Beziehungslosigkeit vor allem wächst in der modernen Welt die Angst.

Je mehr wir aber wegschauen von der eigenen Beziehungslosigkeit, um so mehr müssen wir anderswo die Ursache finden für diese Grundstimmung in uns. Denn es ist einfacher, von einer Bedrohung draußen zu reden, als sich Rechenschaft zu geben von einem Mangel, der in uns selber liegt. Und so stürzt sich manch einer auf alles, was überhaupt angst machen kann. Nichts entgeht ihm, was es an Angsterregendem gibt, er klammert sich geradezu daran, läßt es zum beherrschenden Moment des Daseins werden, obwohl eigentlich fast alles auch ganz anders genommen werden könnte. Es ist, als käme da eine innere Unruhe zum Vorschein, die gar nicht Antwort ist auf konkrete Bedrohung, sondern dieser vorausliegt. Man ergreift, was geeignet scheint, daß die Angst sich mit ihm verbindet. Und an Material fehlt es in der fortgeschrittenen Industriegesellschaft unserer Tage dafür gewiß nicht.

Wenn dem aber tatsächlich so ist, dann muß man auch einsehen, daß mit einem Großteil der modernen Ängste gar nicht auf direktem Wege fertig zu werden ist. Das mag diejenigen, die auf möglichst handliche Maßnahmen aus sind, befremden. Aber es hat ja immer in bezug auf die eigentlich tragenden Zusammenhänge vor allem indirekte Mitteilung gegolten. Darauf müssen wir uns wohl wieder besinnen. Und dann käme es beim Versuch einer Antwort auf die Angst vor allem darauf an, zur Geltung zu bringen, was dem Gefühl der Zerrissenheit und des Ausgesetztseins in unserer eigenen Erfahrung doch auch immer erneut widerspricht und was uns zumindest soviel an Geborgenheit und Sich-verlassen-Können schenkt, daß wir nicht im Abgrund des Nichts versinken müssen.

Es ist wohl schon das Miteinander der Ort, an dem sich entscheidet, was wir an Geborgenheit und Sich-verlassen-

Können erfahren und was nicht. Gewiß gibt es auch andere Zusammenhänge, die dem Menschen die Gewißheit von Getragensein vermitteln – die Teilhabe am Leben der Natur etwa, am Wechsel von Tag und Nacht oder am Kreislauf des Jahres mit seinem Werden und Vergehen und dem immer neuen Auferstehen. Ganz besonders aber erwarten wir Geborgenheit, Angenommensein und Getragenwerden eben im Miteinander, das heißt da, wo wir uns einander zukehren und da sein wollen füreinander. Jeder kennt das tiefe Glück, das in der Erfahrung liegt, sich nicht bloß für sich selbst abzappeln zu müssen und nicht allein in das Dunkel zu gehen, das zu jedem Leben auch gehört.

Was aber kann man tun, wenn gerade dies Angenommensein und das Bejahtwerden ausfällt und die Angst sich rührt? Es liegt auf der Hand, daß gegen Angst, die aus der Ungeborgenheit entsteht, direkt gar nicht viel zu machen ist. Hier versagen alle Programme, die dem unmittelbaren Abbau von Angst zu dienen versuchen. Hier gibt es nur die Möglichkeit, auf einem indirekten Weg seiner Angst beizukommen, in der Aufmerksamkeit zum Beispiel auf das, was Mut macht, was Hoffnung weckt, was Vertrauen stärkt. Angst aus Ungeborgenheit verweist selbst auf diesen indirekten Weg. Nicht-zuhause-Sein, da schaffe ja nicht einfach nur ich selbst irgend etwas nicht, da bleibt vielmehr etwas aus, das mir von woandersher zukommen muß. Deshalb kann ich hier von mir her auch gar nicht direkt für Abhilfe sorgen. Und dennoch bin ich auch dieser Angst keineswegs hilflos ausgeliefert.

Hier gilt es vor allem sich zu erinnern, und sich zu erinnern an das, was mich unmißverständlich erhoben hat, bejaht, bestätigt und erfreut, das heißt, sich an das zu halten, was mir sagt, daß es gut ist dazusein. Erinnerung – dies meint nicht das Denken an etwas, was einmal war, aber nun eben nicht mehr ist. Erinnerung meint vielmehr gegenwärtig halten, was mir in einer Begegnung oder in einem Ereignis zuteil wurde und was seine besondere

Bedeutung eben darin hat, daß das, was da geschah, in ganz eigener Weise jedem Verfall enthoben ist. Sich richtig erinnern, dies bedeutet dann zum Beispiel, daß selbst dort, wo eine Liebe zerbricht, nicht auch unsere Fähigkeit zur Liebe verlorengehen muß. Und das heißt, selbst wenn die Angst über mir zusammenschlägt, darf ich davon ausgehen, daß ich wieder auftauchen werde, denn was Leben heißt, ist mehr und hat etwas mit Helle und Licht zu tun. Solches ist uns gewiß nicht allen in gleichem Maße zuteil geworden; nicht jeder ist da sehr gut dran. Und vielleicht mag sich der eine oder andere allenfalls an Andeutungen solchen Sinns erinnern. Aber zumindest Spuren davon gibt es wohl in jedem Leben, und auch an Spuren kann man sich orientieren, wenn man ihnen nur wirklich folgen will.

Und ein Zweites dazu. Das Indirekte dieses Angehens gegen die Angst wird dabei noch deutlicher. Es gibt auch eine Vergewisserung von Getragensein durch das, was ich selbst tue, nicht nur von dem her, was mir von einem anderen zukommt, in seiner Zuwendung zu mir, sondern durch das und in dem, wie ich mich meinerseits zum andern verhalte. Das heißt, Gewißheit des Getragenseins, tiefe Geborgenheit erfahre ich auch immer dann, wenn ich von mir her für solche Gegenkraft zur Angst einstehe. Und hierauf müssen wir in unserer Angst wohl besonders achten.

Denn wir verlaufen uns in der Regel viel zu schnell in allen möglichen Ausflüchten. Liebe, so sagt man dann vielleicht, das könnte in der Tat wohl helfen. Aber mich liebt ja keiner. Selbst wenn ich in einer bestimmten Situation und aufgrund besonderer Umstände meine, Anlaß zu haben, so etwas zu sagen, das Entscheidende könnte ich dennoch erfahren, nämlich anders herum. Natürlich hängt das zusammen, mein Liebenkönnen, die Fähigkeit, mich einem anderen zuzuwenden, und mein Geliebtsein, die Erfahrung, daß ein anderer ja zu mir sagt.

Aber wir müssen uns hüten, eigene Enttäuschungen zu pflegen und darüber die anderen in ihrer Erwartung und ihrer Hilfsbedürftigkeit zu übersehen.

Ganz abgekürzt könnte man sagen: Was hilft gegen die Angst, wenn nichts anderes mehr hilft, ist Liebe. Liebe, die mir entgegengebracht wird, und Liebe, die ich selbst gebe. Angst kann man ja auch beschreiben als Antwort auf das Gefühl, daß irgend etwas oder irgend jemand es nicht gut mit mir meint. Ebenso schlicht aber könnte man sagen: Antwort auf die Angst, das ist Sichorientieren an dem, was es gut mit mir meint, und ist Es-selbst-gut-Meinen, ist Gutheißen üben und Gutheißen verbreiten.

Hier rühren wir an den entscheidenden Zusammenhang. Liebe in diesem ganz allgemeinen Sinn und über alle ihre Formen hin ist nicht nur deshalb so wichtig als Antwort auf die Angst, weil es weniger Angst gibt, wo Liebe herrscht. Liebe ist als Antwort auf die Angst vor allem deshalb entscheidend, weil einen Menschen lieben heißt: etwas bekräftigen und weiterführen, was grundsätzlich über die Angst hinausreicht. Sich wechselseitig wirklich annehmen, dies ist Zeugnis eines Angenommenseins, das jeden Schatten, jeden Riß und jedes Dunkel, auch das Dunkel der Trennung im Tod übersteht. Dies ist der Punkt, wo das innerste Wesen menschlicher Zuwendung deutlich wird, dies, daß sich keineswegs nur am Menschen hält, wer auf solche Beziehung setzt, daß er sich vielmehr zugleich an etwas hält, das größer ist als der Mensch, das dem Menschen aber versprochen ist.

Man sagt gerne, daß Angst von Enge kommt, aus dem Gefühl von Bedrohung. Aber hier ist zu sehen, daß dies keine bloß äußerliche Beschreibung sein darf. Bedroht und beengt fühlen wir uns nicht nur, wenn uns draußen irgend etwas die Luft nehmen will, sondern immer dann, wenn wir nicht richtig geborgen sind. Ungeborgenheit – dies kann zwar etwas zu tun haben mit Mangel an äußerer Sicherheit und verläßlichem Schutz. Aber Ungeborgenheit muß sich nicht auf solch äußere Umstände beziehen, und sie bezieht sich wohl in der Regel auch nicht auf das Äußere bloß. Ungeborgenheit meint vielmehr einen Mangel, der von sehr viel weiter herkommt. Ungeborgenheit besagt Ausgesetztsein, besagt Nichtangenommensein, ist das Fehlen der Gewißheit, daß es gut mit mir gemeint ist. So wie umgekehrt das Gefühl der Geborgenheit ja weniger Verschontsein meint von Stürmen, sondern daß mir ein Sturm nichts anhaben kann, weil ich gehalten, bejaht und gewollt bin.

VII. Angst als Zeichen der Endlichkeit

Damit sind wir bei dem Punkt, der mir selbst für die Philosophie der Angst heute der wichtigste scheint: das Verständnis von Angst als Zeichen der Endlichkeit. Die zeitgenössische Philosophie bietet für solches Verständnis wenig Hilfe, denn sie beansprucht zwar das Endliche zu definieren, meint vom Unendlichen aber nur im Sinn einer Negation des Endlichen reden zu können. Vielleicht erschließt sich die Wahrheit aber eher andersherum, die große Tradition der Philosophie jedenfalls legt das nahe.

In den „Meditationes" von Descartes ist das so formuliert: „Ich darf nicht glauben, ich begriffe das Unendliche nicht in einer wahrhaften Vorstellung, sondern nur durch Verneinung des Endlichen, so wie ich Ruhe und Dunkelheit durch Verneinung von Bewegung und Licht begreife. Denn ganz im Gegenteil sehe ich, daß der Begriff des Unendlichen dem des Endlichen vorhergeht. Wie sollte ich sonst überhaupt begreifen können, daß ich Verlangen habe, daß mir etwas fehlt, daß ich selbst nicht vollkommen bin?"

Endliches als Endliches erfahren – im Kontext der klassischen Metaphysik heißt dies immer auch vom

Unendlichen wissen, auf das Unendliche gerichtet sein, nur in ihm Erfüllung finden zu können. Im Blick auf Angst als mögliche Grundbefindlichkeit des Daseins muß man dann aber sagen: Wir dürfen nicht einfach in der Angst die eigentliche Erschlossenheit von Sein sehen, wie uns das in der neueren Philosophie immer wieder nahegelegt wird. Es wird schon so sein, daß der Mensch sich im Grunde seines Daseins ängstigt. Aber ebenso gilt, daß der Mensch im Grunde seines Seins hofft. Und dann ist es die entscheidende Frage, ob Sich-ängstigen-Müssen auf der einen Seite und Hoffen-Können auf der anderen uns in gleicher Weise erschließen, was wirklich ist; ob nicht im Hoffen etwas ist, das weiter reicht, und daß deshalb auch in jeder Angst noch ein Hinweis zu finden ist auf Hoffnung, auf Erwartung, ein Hinweis, der der Schlüssel sein könnte für den Versuch, Angst als Zeichen der Endlichkeit ernst zu nehmen.

Wir dürfen der Angst keinen Vorrang einräumen. Angst bedeutet keineswegs absolute Leere. Auch wo es sich um Angst handelt vor dem Nichts, ist in diesem Nichts selbst etwas zu finden, das der Angst widersteht, wenn wir uns nur tief genug einlassen auf das, was uns in der Angst bewegt. Immer wirkt in der Angst doch auch die Sorge um etwas, die Sorge um etwas, das uns fehlt oder das uns abhanden zu kommen droht. Zur Angst gehört nicht nur das, „wovor" wir uns fürchten, sondern immer auch ein „worum". Angst selbst setzt neben dem negativen Moment insoweit auch ein positives voraus. Das negative Moment hängt mit dem Wovor der Angst zusammen. Das positive Moment spielt im Worum. Es gibt Angst ihrem Wesen nach nicht ohne daß da etwas ist, um das ich mich ängstige, um dessentwillen mich die Angst durchzieht. Angst als Zeichen der Endlichkeit verstehen, das besagt: in dem, worum ich mich ängstige, steckt letztlich mehr als in dem, was mir angst macht.

Wir sollten nicht abstrahieren von dem, was als Worum ganz wesentlich zur Angst gehört, das heißt, wir dürfen nicht absehen von jenem Element des Sinnhaften, das sich im Worum der Angst zeigt. Damit soll nicht bestritten werden, daß es Augenblicke gibt, wo die Leere total scheint und alles belanglos wird, zurückweicht und entschwindet. Da fühlen wir uns vielleicht tatsächlich so verlassen, daß alles ist, als wäre es nicht, als wäre nur das Nichts. In Wahrheit offenbart unsere Angst aber auch hier nicht einfach das Nichts, sondern Verlangen nach Sein, Hoffnung auf Leben.

Angst als Zeichen der Endlichkeit verstehen, dies heißt also zum einen antworten darauf, daß wir uns nicht von jeder Angst befreien können. Aber es heißt zum anderen im Erleiden der Endlichkeit das Gespür entwickeln für das, was aller Vergänglichkeit enthoben ist und was uns durch diese hindurch angeht. Angst ist – so gesehen – nicht nur irgendeine Seite unseres Lebens. Angst ist jene Seite, die notwendig ist, damit wir uns nicht in der Endlichkeit verlieren. Angst ist ein Schlüssel, der Tore öffnet. Angst mag uns gelegentlich blind machen für dies oder das und mag uns manches nehmen; Angst erlaubt aber auch zu sehen und das heißt gerade Angst läßt uns Anteil gewinnen an einer Wirklichkeit, die wir sonst so nicht wahrzunehmen vermöchten.

So ist Angst also zwar Ausdruck von Begrenztheit und Vergänglichkeit, aber zugleich Ausdruck auch von Hoffnung und Verlangen. Franz Kafka, dessen Dichtung vielfach auf abgründige Angst verweist, hat dies in einem Brief an seine Verlobte einmal ganz deutlich ausgesprochen. Da gibt er Rechenschaft über seine Angst, diese Angst „ausgedehnt auf alles, Angst vor dem Größten wie dem Kleinsten". Und als wolle er um Verständnis werben für diese Angst, fährt er dann fort: „Allerdings ist diese Angst vielleicht nicht nur Angst, sondern auch Sehnsucht nach etwas, was mehr ist als alles Angsterregende."

Ein Denken, das sich an die Subjektivität als oberstes Prinzip hält, wird mit solchem Hinweis nicht viel anfangen können. Denn dann muß man ja auch Sehnsucht nochmals subjektivistisch verstehen – im Sinn eines illusionären Verlangens zum Beispiel, dem in Wirklichkeit gar nichts entspricht. Löst man sich jedoch von dieser Vorgabe der Subjektivität und sieht wirklich hin auf das, was da geschieht, dann kann sich zeigen, daß Sehnsucht zuletzt überhaupt nicht von mir ausgeht, nicht in der Subjektivität gründet, sondern angemessen wohl nur als Antwort zu begreifen ist. Es muß sich ihr etwas gezeigt haben, bevor sie uns bewegt. Dann aber ist Angst nicht einfach ein Defekt, wir dürfen Angst vielmehr nehmen als Zeichen einer höheren Berufung.

Dies als Antwort zu akzeptieren auf die Frage, was es heißt, daß wir uns ängstigen müssen, ist sicher keine leichte Sache. Aber nachdenken darüber könnten wir wohl einmal. Daß Angst im Innersten Sehnsucht sein könnte, Verlangen nach mehr Leben, dies ist schließlich nicht die verschrobene Meinung eines einzelnen nur. In der Literatur, der Kunst, der Philosophie und der Religion gibt es immer wieder Stimmen, die uns gerade dies sagen. Wir sollten diese Stimmen nicht überhören. Antwort auf die Angst, das kann vieles heißen, denn die Angst selbst hat viele Gesichter. Was immer aber an Antwort angeboten wird, mir scheint es nur soweit etwas zu taugen, wie es an diesem Zusammenhang Anteil hat.

Hans Rotter

Wie begegnet christlicher Glaube der Angst?

Systematische und theologische Erwägungen

Angst und Furcht gehören zu den ambivalentesten Gefühlen des Menschen. Auf der einen Seite scheint Angst, ähnlich wie das Leid, jedenfalls in intensiveren Formen, die Würde des Menschen ernsthaft in Frage zu stellen. Wenn man einmal die Todesangst eines Menschen miterlebt hat, wird man das Bedrängende und manchmal fast Entwürdigende dieser Situation kaum mehr vergessen. Auf der anderen Seite ist die Fähigkeit, sich zu fürchten und zu ängstigen, wohl eine Notwendigkeit für die Erhaltung der menschlichen Existenz.

Wie sich nun Angst und Menschenwürde tatsächlich zueinander verhalten, wie also Angst ethisch zu bewerten ist, darüber hat jedenfalls die Moraltheologie[1] noch zu wenig nachgedacht. Hier wird das Thema Angst fast nur unter dem Aspekt behandelt, daß dadurch der Gebrauch von Freiheit und Vernunft und damit auch die Verantwortung der handelnden Person eingeschränkt werden könnten. In ähnlicher Weise werden spontane Gefühlsregungen wie etwa Zorn, Neid oder Haß von vorneherein oft ethisch negativ bewertet. Dabei müßte aber schon der Gedanke von der guten Schöpfung Gottes eine Warnung sein. Denn man kann doch nicht einfach sagen, daß Gefühlsregungen, die in bestimmten Situationen ganz spontan in der Psyche des Menschen hochsteigen, sittlich böse zu werten seien. Eine solche Annahme würde ja letztlich dazu führen, daß

[1] Dazu die masch.-geschr. Dissertation von *A. Hirner,* Angstentstehung und Angstüberwindung. Ethologische, psychologische und moraltheologische Aspekte, 2 Bde., Innsbruck 1976. Eine umfassendere Sicht findet sich bei *R. M. Luschin,* Angst, in: H. Rotter/G. Virt (Hrsg.), Neues Lexikon der christlichen Moral, Innsbruck 1990, 38–43.

unsere Natur in einen sittlich guten und einen sittlich bösen Teil zerfalle.

Tatsächlich kann man aber zeigen, daß die Fähigkeit zu Emotionen wie Angst, Haß oder Neid für die menschliche Natur geradezu unentbehrlich ist. Diese Gefühlsbewegungen dienen wie etwa Aggression und Zorn der Mobilisierung eigener Kraftreserven, um in Bedrängnis bestehen zu können, oder es geht wie beim Haß darum, sich gegen eine zu schwere Verletzung der eigenen psychischen Integrität und des Selbstwertgefühls zu schützen.

Aber so wahr es auch ist, daß die spontan im Menschen aufsteigenden Gefühle wichtig und notwendig sein können, so unübersehbar ist auch die Tatsache, daß sie sehr leicht destruktiv werden. So mag etwa die Aggression zwar dazu dienen, sich selbst zu behaupten, zu verteidigen und wichtige Güter der menschlichen Person sicherzustellen; sie kann aber sehr leicht auch dazu führen, daß man andere verletzt und ihnen schweren Schaden zufügt. Deshalb bedürfen diese Gefühle immer einer sehr aufmerksamen Kontrolle und zwar nicht nur im aktuellen Einzelfall, sondern auch in einem ständigen Lern- und Erziehungsprozeß der menschlichen Person.

Ähnlich wird man auch bei der Angst fragen müssen: Ist die Fähigkeit zu ihr im Haushalt der menschlichen Gefühle nicht notwendig? Wo beginnen aber die Gefahren einer unkontrollierten Angst, und wie kann man ihr schließlich begegnen, sie formen und in das gesamte Gefühlsleben sinnvoll integrieren?

Die philosophische Tradition hat oft einen grundsätzlichen Unterschied zwischen Angst und Furcht gesehen, wobei die Furcht durch ihre Objektbezogenheit charakterisiert war als Furcht vor einer ganz bestimmten Gefahr, während man die Angst mehr als eine allgemeine Grundstimmung verstand, die ihre Begründung eher in der subjektiven Verfaßtheit, nicht aber in einem bestimmten bedrohenden Objekt besitzt. Diese Unterscheidung ist wohl etwas zu relativieren. Denn das Ausmaß einer konkreten Furcht wird immer auch davon abhängen, wie „ängstlich“ eine Persönlichkeit insgesamt ist; und umgekehrt wird die Bereitschaft zu konkreter Angst ständig genährt oder auch abgeschwächt durch die konkreten Lebenserfahrungen, so daß man in der Angst auch einen Nachhall von Furchterlebnissen und ihrer Verarbeitung sehen kann wie umgekehrt in der Furcht einen Ausdruck des Angstpotentials einer Persönlichkeit. Der Unterschied zwischen der Angst und der Furcht schließt deshalb einen inneren Zusammenhang nicht aus. Angst bezeichnet mehr die Gefühle, die aus der Grundeinstellung der Psyche kommen, Furcht mehr Gefühle aufgrund konkreter Bedrohung.

So ist es nicht ganz falsch, wenn die Alltagssprache die Begriffe „Angst“ und „Furcht“ nicht genau auseinanderhält. – Für eine theologische Betrachtung ist aber sicher die Problematik der Angst im eigentlichen Sinn wichtiger als mehr vordergründige Phänomene der Furcht.

Die Angst als Grundgefühl der menschlichen Existenz zeigt sich vorwiegend in vier Grundformen[2]: Eine erste Form ist die Angst vor der Selbsthingabe, in der der Mensch fürchtet, sein Ich zu verlieren und abhängig zu werden; eine zweite ist die Angst vor der Selbstwerdung, in der Ungeborgenheit und Isolation droht; eine dritte Form ist die Angst vor dem Wandel, erlebt als Vergänglichkeit und Unsicherheit; und schließlich eine vierte Form, die Angst vor der Notwendigkeit, die sich als Endgültigkeit und Unfreiheit darstellt. – In all diesen Formen der Angst fühlt der Mensch die Verwirklichung und die Einbettung seiner Person in den sozialen und geschichtlichen Kontext der eigenen Freiheitsentscheidung bedroht.

[2] Zur folgenden Charakterisierung der Angstformen vgl. das Werk von *Fritz Riemann,* Grundformen der Angst. Eine tiefenpsychologische Studie, München 1965.

Grundformen der Angst

Eine erste Form der Angst begegnet uns im Typus der *schizoiden Persönlichkeit.* Hier geht es um die Angst vor der Selbsthingabe. Sie äußert sich darin, daß jemand versucht, die Nähe anderer zu meiden. Er wirkt kühl, abweisend und schwer zugänglich. Er möchte zwar durchaus gerne freundschaftliche Beziehungen haben, aber er scheut instinktiv davor zurück, andere in sich hineinschauen zu lassen und ein Vertrauensverhältnis zu entwickeln. Es ist ein tiefes Mißtrauen, das ihn hindert, Zeichen der Zuneigung ernst zu nehmen und sich darauf einzulassen. Entsprechend ist ein solcher Mensch auch nur wenig fähig, auf andere zuzugehen, sich helfen zu lassen, sich bei anderen geborgen zu fühlen. Dort, wo tatsächlich einmal ein näherer Kontakt zustande kommt, wird er häufig aus geringem Anlaß wieder abgebrochen. Immer ist die Furcht da, sich festzulegen und anderen gegenüber zu verpflichten.

Eine solche Haltung entsteht, wenn das Kleinkind in den ersten Lebensphasen nicht in der Lage ist, ein ausreichendes Grundvertrauen auf die Verläßlichkeit der Umwelt und besonders der Mutter aufzubauen. Ein Kleinkind erlebt etwa, daß es nicht erwünscht war und deshalb von seiner Mutter lieblos, gleichgültig, mit wenig Sorgfalt und Zuverlässigkeit betreut wird. Das Kind entwickelt dann Angst vor der Umgebung, weil es fürchtet, daß es in seinen Erwartungen und in seiner Zuwendung enttäuscht und verletzt werden könnte. Um sich also vor solchen Frustrationen und einem solchen Ichverlust zu schützen, zieht sich dieser Angsttypus von vorneherein in sein Schneckenhaus zurück. Dieses Verhalten ist durchaus rational und berechtigt, wenn man an die Grunderfahrung des Kindes denkt, aber es wirkt sich dann für das weitere Leben oft sehr nachteilig und schädlich aus.

Ein zweiter Angsttypus zeigt sich in der *depressiven Persönlichkeit.* Hier wird in einer übermäßigen Weise die

Hingabe an ein Du erstrebt. Der Partner ist alles und man sucht eine Hingabe, die bis zur bedingungslosen Unterwerfung unter den Willen des anderen geht. Man erlaubt sich selbst keine Wünsche, die vielleicht in Widerspruch zum Willen des Partners stehen. Man kann nicht nein sagen zu dem, was andere erwarten und erbitten. Es könnte ja sein, daß sonst ein Konflikt entstünde und der andere sich von einem abwenden würde. Man hat keine Selbstsicherheit, man ist gehemmt, empfindet sich als ständigen Pechvogel, man steht nicht zum eigenen Ich.

Solche Menschen sind verständlicherweise wenig konfliktfähig. Sie zeigen Bescheidenheit, Friedfertigkeit und Demut und machen bei Konflikten lieber sich selbst Vorwürfe als den anderen. Natürlich können Spannungen und Gegensätze auf diese Weise nicht richtig aufgearbeitet werden und die bestehenden Aggressionen wenden sich dann eher gegen das eigene Ich und beeinträchtigen noch einmal das Selbstvertrauen.

Die lebensgeschichtlichen Voraussetzungen für eine solche Entwicklung können bei einer zu starken Verwöhnung ansetzen. Das Kind kann zunächst nicht lernen, sich selbst zu behaupten, zu protestieren usw., weil es ja die bereitwilligste Erfüllung aller Wunschäußerungen erfährt. Die Mutter versucht auf diese Weise, das Kind an sich zu binden. Sie erlaubt dem Kind nicht, sich zu einem eigenen Selbst zu entwickeln, und so kommt es unvermeidlich zu Schuldgefühlen auf seiten des Kindes. Einerseits möchte dieses sich die Liebe der Mutter erhalten, andererseits möchte es sich auch zu einem eigenen Menschen entwickeln. Aber in dem Maße, wie es das tut, gerät es in Konflikt mit der liebenden Mutter und wird dadurch schuldig. Das Kind wird in hohem Maße abhängig von der Zuneigung der Mutter und lernt nicht, auf sich selbst zu vertrauen und sich selbst zu behaupten. Das Kind lehnt sich an andere an und hat Angst vor Situationen, wo es Eigenständigkeit zeigen soll.

Auch diese Form von Angst ist verständlich und als Reaktion auf die geschilderte Situation in der Kindheit durchaus zweckmäßig. Allerdings verläuft das weitere Leben dann nicht mehr immer so, wie es sich in der Kindheit dargeboten hat und wie es eingeübt wurde. Dann ist ein Mensch mit diesem Angsttypus dem Leben wenig gewachsen.

Ein dritter Angsttypus findet sich bei der *zwanghaften Persönlichkeit*. Sie zeigt sich besonders in der Angst vor der Vergänglichkeit. Hier geht es um den Menschen, der gegenüber jedem Wandel Unbehagen empfindet und ein starkes Bedürfnis entwickelt, daß alles bleibt, „wie es immer gewesen ist“. Er behindert und bekämpft nach Kräften jede Neuerung. So zeigt sich ein starkes Bedürfnis nach allgemein und immer gültigen Regeln, nach unumstößlichen Grundsätzen und Prinzipien und nach Durchsetzung von Recht und Ordnung bis hin zum Typus eines Michael Kohlhaas. Im Verhalten solcher Menschen zeigt sich immer wieder das Bestreben, Vergänglichkeit zu überwinden und Dauer zu schaffen. Man kann nichts wegwerfen, sondern legt große Sammlungen an, man entwickelt Gewohnheiten, die man nicht mehr aufgeben will, man hält an Traditionen verschiedenster Art starr und unverrückbar fest. Hinter allem steckt eine fundamentale Angst vor Wandel, Vergänglichkeit, Chaos und Tod.

Eine solche Einstellung entsteht wieder aufgrund bestimmter Lebenserfahrungen von der frühen Kindheit an. Es handelt sich hier oft um Kinder, die eher einen eigenständigen, eigenwilligen Charakter zeigen und nicht einfach nur immer brav und anpassungsbereit sind. Wenn nun solche Kinder ihre Neigungen nicht genügend ausleben können, sondern von den Eltern ständig eingeschränkt oder sogar gestraft werden, dann entwickeln sie die Einstellung, daß sie sich unbedingt an eine bestimmte Ordnung halten müssen. Eine besondere Rolle kann hier etwa eine verfrühte Sauberkeitserziehung spielen, wenn etwa gar jeder damit verbundene Trotz mit harten Sanktionen gebrochen wird. Auch sonst lernen Kinder, die dann später zu zwanghaften Persönlichkeiten werden, frühzeitig, daß das ganze Leben nach strengen Normen abzulaufen hat und daß schwere Sanktionen zu erwarten sind, wenn man sich nicht an diese Ordnung hält. Erziehung wird hier oft zur Dressur und schon kleine Übertretungen lösen starke Gefühle des Unbehagens und der Schuld aus.

Es handelt sich bei solchen zwanghaften Persönlichkeiten um Ängste, die an sich in jedem Menschen vorkommen, die aber hier in verstärktem Maß auftreten. In jedem Menschen ist ein gewisses Bedürfnis nach Ordnung, nach Tradition, nach Verläßlichkeit. Chaos würde auf Dauer überfordern und muß deshalb ängstigen. Aber es geht dabei um das Ausmaß. Der zwanghafte Mensch hat von klein auf gelernt, in jedem Wandel, in jeder Unordnung eine Gefahr zu sehen und sich davor übermäßig zu ängstigen. Dieses Übermaß an Angst steht in Zusammenhang mit frühen Lebenserfahrungen, in denen auch die drohenden Gefahren in Form von Sanktionen zu groß waren. – Daß auch hier das spätere Leben anders aussieht, daß dann mehr Selbständigkeit, Kreativität, Wandelbarkeit, Anpassungsfähigkeit usw. erfordert wären, macht das Unglück und das Leid zwanghafter Persönlichkeiten aus. Dadurch werden sie auch oft zu einer schweren Belastung für ihre Umgebung.

Natürlich hat gerade der zwanghafte Typ bemerkenswerte Vorzüge. Die Eigenschaft, alles bis zum Ende ganz exakt und fachgerecht durchzuführen, macht ihn besonders geeignet etwa für Naturwissenschaftler, Juristen, Chirurgen, Finanzbeamte, Pädagogen, Geisteswissenschaftler usw. Die Präzision kann in solchen Berufen ein großer Vorteil sein, die unerbittliche Ordnungsliebe kann sich aber gerade auch in der Begegnung mit Menschen negativ auswirken.

Das Gegenteil zum repressiven Typus der Angst ist der *Typus des Hysterischen*. Er ist interessiert an allem Neuen, er genießt den Tag und macht sich nicht viel aus kleinen Verstößen gegen die Ordnung. Diese wird nicht gar zu ernst genommen, es finden sich leicht immer wieder Hintertürchen und Ausreden. Was dieser Typus fürchtet, das sind Festlegungen und Begrenzungen, also Konventionen, Spielregeln, Vorschriften, Gesetze und schließlich Altern und Sterben. – Der Hysteriker versucht, all diesen Notwendigkeiten zu entgehen, er versucht, Festlegungen zu bagatellisieren, er hält Termine nicht ein, er schaut in einer Vogel-Strauß-Politik vom Ernst der Fakten weg und baut sich eine Scheinwelt auf.

Die hysterische Prägung geht etwa in das vierte bis sechste Lebensjahr zurück. Sehr häufig findet man dabei die Situation, daß ein Kind durch das Verhalten und die Erwartungen der Eltern überfordert wurde. Vielleicht war die Ehe der Eltern unglücklich, und das Kind wurde nun vom einen Elternteil als Partnerersatz benützt. Es sollte trösten, es sollte eine Reife zeigen, die in diesem Alter noch nicht bestehen kann, es sollte der Sonnenschein der Eltern sein, es durfte nicht versagen, es sollte fähig sein, starke psychische Belastungen zu ertragen.

Die Folge kann dann sein, daß sich das Kind mit der ihm aufgezwungenen Rolle nicht identifizieren kann. Schwierigkeiten können besonders auch in der Identifikation mit dem eigenen Geschlecht entstehen. Oft bleibt das Kind zu sehr an seinen Vorbildern hängen oder auch an der Rebellion gegen diese. Jedenfalls wirkt ein solcher Mensch dann später oft unecht, weil es ihm nicht mehr gelingt, die ihm aufgedrängte Rolle wirklich mit seinem Ich zu verbinden. Es bleibt eine ständige Angst vor Festlegungen und Endgültigkeiten, es bleibt die Frustration, daß man nicht sein darf, wie man nun einmal ist, daß man nicht in seinem eigenen Sein anerkannt wird. Daraus ergibt sich das Bedürfnis, immer wieder in seiner Geltung bestätigt zu werden, man gewöhnt sich nur schwer an den Anspruch der Realität. – Andererseits können solche Persönlichkeiten in der Gesellschaft glänzen, mehr vorspiegeln, als dann der Wirklichkeit entspricht. Besonders Künstler finden sich bei diesem Typus, sensible und ausdrucksfähige Menschen.

Alle diese Typen der Angst haben immer auch ihre positiven Seiten. Da ist etwa der hysterische Mensch, der durch seine Phantasie, Lebendigkeit, Unbesorgtheit und durch seine oft glänzende Erscheinung in der Gesellschaft sehr beliebt sein kann. Da ist der zwanghafte Mensch, der in einer Stellung als Beamter außerordentlich gewissenhaft, verläßlich, gründlich arbeitet und ein stabiler Faktor in seiner Umgebung ist. Oder denken wir an den schizoiden Typ, der in seiner Scharfsinnigkeit, in seiner Kritik gegenüber allem Formalistischen zwar für bestimmte Erlebnisbereiche wenig Empfinden zeigt, aber doch auch, z. B. in der Wissenschaft, tiefgründige Beiträge leisten kann. Die depressiv orientierte Persönlichkeit wiederum kann ein großes Maß an Treue zeigen, sie kann sehr einfühlend und auch in gutem Sinn altruistisch sein und sosehr sie oft ausgenützt wird, große Hochschätzung genießen. Gerade diese verschiedenen Formen von Angst ermöglichen auch entsprechende Formen positiver Mitmenschlichkeit.

Die Prägung, die frühkindliche Ängste im Menschen hervorrufen, bewirkt eine Anpassung an eine ganz bestimmte äußere Situation. Das bewährt sich, wenn die betreffende Person später sich in einer entsprechenden Umgebung befindet und entsprechende Aufgaben zu leisten hat. Es bringt hingegen Schwierigkeiten und Nachteile mit sich, insofern Situation und Aufgabenstellung dem jeweiligen Typus nicht entsprechen. Zudem können extreme Kindheitserfahrungen zu einer ständigen Belastung und einem dauernden Leid der betroffenen Person führen. Es kann sein, daß ein Übermaß an Angst, die man als Kind erlitten hat, zu einer dauernden Unfähigkeit führt, sich des Lebens zu freuen, sich seines eigenen Wertes bewußt zu sein und in den sozialen Beziehungen genügend Sicherheit zu entwickeln.

Systematische Überlegungen

Zunächst ist offensichtlich, daß ein gewisses Maß an Angst zum Haushalt der menschlichen Psyche gehört und durchaus gesund und normal ist. Es kann also nicht darum gehen, ein Ideal aufzustellen, als ob der Mensch völlig angstfrei sein sollte. Eine solche Verfassung würde dazu führen, daß jemand letztlich in totaler Leichtfertigkeit handeln würde und die Gefahren und Bedrohungen menschlicher Existenz gar nicht verstehen könnte. Nicht jede Empfindung von Angst ist deshalb besorgniserregend. Problematisch wird es hingegen, wenn diese Angst ein Ausmaß annimmt, das krank macht oder sonst menschliches Leben und zwischenmenschliche Kommunikation ernsthaft beeinträchtigt.

Angst ist nicht einfach angeboren, obwohl die Anlage dazu zur menschlichen Natur gehört. Es kommt aber dann in hohem Maß darauf an, wie diese Anlage gebildet wird. Dabei spielen die Lebenserfahrungen des Kindes in verschiedenen Altersphasen eine ausschlaggebende Rolle. Hier wird Angst in einer bestimmten Richtung entwickelt und kennzeichnet dann oft in großem Maße das Angstempfinden im gesamten weiteren Leben.

Allerdings ist zu bedenken, daß dem Menschen auch für sein ganzes Leben Lernfähigkeit erhalten bleibt. Er ist nicht einfach dazu verurteilt, unverändert jene Einstellungen durch sein Leben zu tragen, die er sich in einigen wenigen Kinderjahren angeeignet hat. Er kann und muß an sich arbeiten. Er muß seine Angst zu überwinden suchen, wo z. B. ein offenes Wort erforderlich ist. Bei extremen Angstzuständen ist oft die Psychotherapie der einzige erfolgversprechende Ausweg. Aber was in einer solchen Therapie geschieht, ist ja nicht ewas völlig Außerordentliches, sondern nur der gezielte und systematische Einsatz jener Möglichkeiten, die menschliche Kommunikation überhaupt bietet. Jede verständnisvolle zwischenmenschliche Begegnung, jedes tiefere Gespräch, in dem man sich einander öffnet, einander zuhört, aufeinander eingeht, hat eine heilende Kraft.[3] So ist Angst nicht einfach nur Schicksal, sondern auch eine Aufgabe, der sich der Mensch stellen muß und an der er auch reifen kann.

Wenn es nun darum geht, ein Übermaß an Angst zu bewältigen und zurückzudrängen, dann wird man sich nicht nur bemühen, einzelne Symptome zu korrigieren. Wenn wir uns bewußt sind, daß große Ängste ihre Begründung in einem Mangel der Grundverfaßtheit der Persönlichkeit haben, dann wird es darum gehen, nach Möglichkeit diesen Mangel zu heilen. Man wird also dort anzusetzen haben, wo ein Mensch dadurch verstört wurde, daß er zu wenig Bejahung erfahren hat, daß er vielleicht in einem Übermaß verwöhnt wurde, daß er von einem despotischen Erzieher in eine starre Ordnung gepreßt oder in eine Rolle hineingedrängt wurde, mit der er sich nicht identifizieren konnte. Hier wird es darum gehen, zunächst einmal zur Einsicht über das eigene Fehlverhalten zu gelangen, die Gründe dafür zu verstehen und in einem langen Lernprozeß die Mängel – soweit möglich – aufzuarbeiten.

Besonders die Situation der Psychotherapie macht deutlich, daß Auseinandersetzung mit der Angst gewöhnlich kaum von der isolierten einzelnen Person geleistet wird, oder jedenfalls nur unter sehr erschwerten Bedingungen, sondern am ehesten in der Beziehung zu einem

[3] Dazu *H. Stich,* Kernstrukturen menschlicher Begegnung, München 1977, 188–193 u. ö.

Therapeuten bzw., allgemeiner, zu einem Gesprächspartner. Denn das Bedürfnis des Menschen nach Angenommensein, das ja den verschiedensten Angsttypen zugrunde liegt, wird gerade dann am ehesten beruhigt, wenn man diese Annahme durch einen anderen, durch sein Zuhören und Verstehen konkret erfährt. Freilich kann eine solche Beziehung die Angst auch vermehren, wenn man durch das Verhalten des Partners zusätzlich verunsichert und in Frage gestellt wird. Es geht also nicht um irgendeine Beziehung, sondern um eine Kommunikation, in der sich der Klient verstanden und bejaht fühlt. Es soll hier die Erfahrung vermittelt werden, daß man im Grunde geliebt wird. Man soll aber auch eine Hilfe bekommen, um besser zur Realität hinzufinden, die Welt und sich selbst realistischer zu sehen. Die Kommunikation, die hilfreich wäre, wäre deshalb nicht nur ein Gespräch vor einer „Klagemauer", sondern eine wirkliche Auseinandersetzung mit den Schwächen und Behinderungen der Angst im Gespräch mit einem Partner.

Man ist in einer solchen heilenden Kommunikation auch auf die Einsicht und die Bereitschaft des Partners angewiesen. Dieser muß bereit sein, die Belastung der eigenen Psyche mitzutragen. Damit ist auch von ihm verlangt, daß er Wohlwollen schenken kann, daß er ein reifes Verhältnis zur Realität besitzt und nicht selbst übermäßig an Ängsten und ihren Kompensationen leidet. Jedenfalls wird sich ein extrem unter Angst stehender Mensch nicht einfach wie ein Münchhausen an den eigenen Haaren aus dem Sumpf ziehen können, sondern er wird Hilfe brauchen, die so geartet ist, daß sie ihm mehr Sicherheit und inneren Frieden vermitteln kann. Eine gute Hilfe kann hier oft auch das Bußsakrament sein, um übermäßige Schuldgefühle und Ängste abzubauen.

Aber auch dort, wo man die Solidarität eines Mitmenschen erfahren darf, wird die Überwindung von Angst, besonders schwerer Angst, immer einen längeren, leidvollen Prozeß verlangen. Elisabeth Kübler-Ross[4] hat einen solchen Prozeß bei Menschen beschrieben, die mit der Prognose eines baldigen Todes konfrontiert wurden. Die einzelnen Phasen der folgenden Auseinandersetzung werden beschrieben als Nicht-wahr-haben-Wollen und Isolierung, Zorn, Verhandeln, Depression und Zustimmung. Ähnliches wird sich auch bei der Überwindung anderer schwerer Ängste zeigen. Der Mensch braucht Zeit, um sich mit einer angstmachenden Situation allmählich abzufinden und innerlich aussöhnen zu können. Angst wird im menschlichen Leben immer bleiben, beim einen mehr, beim andern weniger. Und dort, wo diese Angst nicht wirklich pathologisch ist und einer psychotherapeutischen Behandlung bedarf, wird es notwendig sein, mit seinem individuellen Maß an Angst zu leben.

Glaube und Angst

Was kann nun der Glaube zur Bewältigung der Angst beitragen?[5] Wenn wir einen kurzen Blick in die Bibel werfen, dann ist dort an vielen Stellen von Angst die Rede. Sie betrifft nicht nur die kleingläubigen Jünger (Mt 6,30; 8,26; 14,31 usw.). Auch von Jesus selbst wird bei seinem Gang zum Ölberg erwähnt, daß ihn Angst und Traurigkeit ergriffen (Mt 26,37). Allerdings heißt es dazu im Hebräerbrief (5,7): „Als er auf Erden lebte, hatte er mit lautem Schreien Gebete und Bitten vor den gebracht, der ihn aus dem Tod retten konnte, und er ist erhört und aus seiner Angst befreit worden.“ Demnach hat auch Jesus unter Angst gelitten. Offenbar ist das kein Widerspruch zu seiner Gottessohnschaft.

[4] *Elisabeth Kübler-Ross, Interviews mit Sterbenden, Stuttgart [13]1986.*

[5] Dazu *Josef Imbach,* In Angst leben? Einsiedeln 1977; *J. Dantscher,* Mut zur Angst, Stuttgart 1967.

Auf der anderen Seite finden wir in der Bibel immer wieder die Aufforderung, keine Angst bzw. keine Furcht zu haben. „Fürchte dich nicht!“ fordert der Engel den Zacharias auf (Lk 1,13) und ebenso Maria und auch Josef (Lk 1,30 und Mt 1,20). Ebenso sagt Jesus zu dem erschrokkenen Simon nach dem reichen Fischfang: „Fürchte dich nicht!“ (Lk 5,10). Zuversichtlich betet deshalb auch der Psalmist (Ps 27,1): „Der Herr ist mein Licht und mein Heil: vor wem sollte ich mich fürchten? Der Herr ist die Kraft meines Lebens: vor wem sollte mir bangen?“

Man darf wohl aus den Schriftstellen folgern, daß einerseits durch den Glauben die Empfindungen der Angst nicht einfach ausgeschaltet werden, daß aber andererseits der Glaube bei der Bewältigung der Angst eine grundlegende Rolle spielt. Wie ist das zu verstehen? Zunächst schaltet der Glaube Angstempfindungen nicht aus, weil sie ja auch zur Sicherung und Bewahrung der menschlichen Existenz notwendig sind. Angstempfindungen sind ja einfach die spontane Reaktion auf die tatsächliche Gefährdung der menschlichen Existenz. – Auf der anderen Seite sagt der Glaube aber dem Menschen, daß sein Leben in der Hand Gottes liegt, daß er auf Gott vertrauen und auf ein ewiges Heil in der Gemeinschaft mit Gott hoffen darf. In dem Maß, in dem der Mensch aus dieser Überzeugung lebt, kann er sich immer wieder sagen, daß dadurch seiner tiefsten Angst die Spitze abgebrochen ist. Zwar werden vordergründig die verschiedensten Gefahren bleiben. Auch ein gläubiger Mensch kann sich fürchten vor besonders schweren Aufgaben und Prüfungen, die ihn oder vielleicht auch seine Angehörigen, seine Kinder etc. bedrohen. Es wäre geradezu unmenschlich, wenn jemand von solchen Gefahren gar nicht betroffen wäre. Aber der Gläubige darf sich auch sagen, daß Gott mit ihm ist und daß dieser Gott ihm alles zum Heil werden lassen kann, wenn sich der Mensch nur vertrauensvoll diesem Gott hingibt. Nicht die Beseitigung der Angst ist also die

Wirkung des Glaubens, sondern die Relativierung und Entschärfung. Diese Wirkung geschieht freilich nicht einfach mit einer Art Automatik, sondern hängt davon ab, wie tief der Mensch glaubt und aus seinem Glauben lebt.

In diesem Sinn ist dann das Wort aus dem ersten Johannesbrief zu verstehen (1 Joh 4,18): „Furcht gibt es in der Liebe nicht, sondern die vollkommene Liebe vertreibt die Furcht. Denn die Furcht rechnet mit Strafe, und wer sich fürchtet, dessen Liebe ist nicht vollendet." In diesem Sinne findet auch Jesus am Ölberg in seinem Gebet Trost und ein Engel vom Himmel erscheint, der Jesus stärkt (Lk 22,43).

Es kann dem Menschen eine große Hilfe sein, wenn er in seiner Angst einen Gesprächspartner findet, der ihn beruhigt und tröstet. Angst steht aber ganz allgemein auch in Zusammenhang mit einem größeren sozialen Kontext. So gibt es eine unterschiedliche Angstbereitschaft in verschiedenen Kulturen, nicht zuletzt in Zusammenhang mit den jeweiligen religiösen Vorstellungen. Auch in der abendländischen Geschichte finden wir kollektive Ängste, die in bestimmten Zeiten aufgetreten sind und zum Teil phantastische Vorstellungen von Hexen, Satanismus u. dgl. entwickelt haben.[6]

Umgekehrt kann eine Glaubensgemeinschaft ein wirksames Gegenmittel gegen derartige kollektive Ängste darstellen. Es geht in solchen Zusammenhängen nicht so sehr um rationale Einsichten und Argumentationen, sondern um die gegenseitige Bezeugung innerer Einstellungen, um narrative Begründungen, um die Einbindung des Glaubenslebens in eine Überzeugungsgemeinschaft. Angst darf nicht absolut gesetzt werden. Glaubende Menschen bestärken sich gegenseitig in der Überzeugung, daß wir

[6] *Jean Delumeau,* Angst im Abendland. Die Geschichte kollektiver Ängste im Europa des 14. bis 18. Jahrhunderts, 2 Bde., Reinbek b. Hamburg 1985.

Gott vertrauen dürfen und daß nicht der Untergang das Letzte sein wird, sondern Rettung und Heil. Gerade die Botschaft, daß Jesus die Erniedrigung der Angst bis zum letzten durchgestanden hat, darf uns ein Trost sein, der uns aufatmen läßt. Sicher werden uns dadurch Bedrückungen nicht erspart, aber wir sind überzeugt, daß in aller Not Gott selbst uns nahe ist.

Sicher ist die Kirche dieser Aufgabe, Angst überwinden zu helfen, nicht immer gerecht geworden. Ja sie hat wohl manchmal auch zur Verbreitung von Angst beigetragen. Man denke z. B. an die positive Einstellung auch höchster kirchlicher Autoritäten zur Verfolgung und Hinrichtung von „Hexen"! Es ist wichtig, solche Irrtümer zu sehen und Fehler und Schuld nicht zu verdrängen, sondern zuzugeben. Die Konsequenzen aus solchen Einsichten zu ziehen, wird freilich nicht einfach sein, weil ja jeder Wandel neue Ängste auslösen kann. So wird die Aufgabe, das „Fürchte dich nicht!" in unserer Welt zu bezeugen, wohl ein bleibendes Bemühen der Kirche verlangen.

Angst wird aus dem menschlichen Leben nicht getilgt werden können. Sie hat zunächst eine positive Bedeutung für die Gestaltung unserer Persönlichkeit. Aber ob Angst für uns zerstörerisch wird, das hängt wesentlich davon ab, wie wir uns zu dieser Angst stellen, ob wir sie verabsolutieren oder an eine letzte Geborgenheit in Gott glauben. Von besonderer Wichtigkeit wird dabei auch sein, ob wir Menschen begegnen und uns in eine Gemeinschaft einbezogen fühlen, die uns Angst nimmt und uns die Nähe Gottes bezeugt.

Verena Günther und Hartmann Hinterhuber

Die Psychologie der Angst und die Religion

„Bedenkt man das menschliche Dasein, ist es viel erklärungsbedürftiger, daß der Mensch meist keine Angst hat, als daß er manchmal Angst hat.“ (Kurt Schneider)

Was ist Angst?

In den indogermanischen Sprachen läßt sich „Angst“ auf das Urwort „angos“ zurückführen, das „Enge, Bedrängnis“ bedeutet. Das griechische „agcho“ bedeutet „zusammenschnüren, erdrosseln“, das lateinische „ango“ auch „würgen, beklemmen“. Die Semantik dieser Wortbildungen deutet auf gleichzeitige körperliche und seelische Bedrängnis hin.

Angst ist somit das Gefühl des Bedrohtseins, sie spiegelt einen Zukunftsbezug und offenbart eine Störung des Leib-Seele-Gleichgewichtes.

Das menschliche Dasein ist grundsätzlich ungesichert, das Erleben der Grenzen ist nur in Angst möglich: Die Grunderfahrung der Angst gehört somit zum menschlichen Dasein. Menschsein und menschliche Freiheit verwirklichen sich nur in Angst.

Angst ist also eine Conditio humana, sie erstreckt sich von der Angst bei realer Gefahr über die Angst als Symptom psychischer Krankheiten bis zur experimentell ausgelösten Angst. Angst und Angstanaloga kennen wir auch bei höheren wie niederen Tieren.

Angst hat dann Krankheitswert, wenn sie größer ist als die reelle Gefährdung. Liegen Störungen der Ich-Struktur vor, kann aber auch eine berechtigte Angst pathologisch werden.

Die Psychiatrie faßt unter den Begriff „Angstsyndrome" eine Gruppe von Störungen zusammen, bei denen Angst entweder das dominierende Symptom ist, wie bei der Panik und dem generalisierten Angstsyndrom, oder bei denen Angst auftritt, wenn der Betroffene versucht, die Symptome zu beherrschen. Berücksichtigt man den Krankheitswert und zählt nur jene Angstsyndrome, die über längere Zeiträume währen und die die soziale Anpassung, die Leistungs- und Genußfähigkeit schwer beeinträchtigen sowie durch die mögliche Suizidalität eine weitere Gefährdung des Betroffenen darstellen, so leiden in der Allgemeinbevölkerung 0,5% der Männer und 1,2% der Frauen unter einem ausgeprägten Angstsyndrom. Die im Zusammenhang mit der Bewältigung des Lebens stehende reale Angst findet in diese Zahlen keinen Eingang.

Für die häufig postulierte Zunahme von neurotischen Erkrankungen und von Angstsyndromen in den letzten Jahrzehnten gibt es keine gesicherten Untersuchungen. Sicherlich hat sich aber die Gestalt der psychischen Störung grundlegend geändert: Die häufigste neurotische Störung ist heute die Angstneurose, während um die Jahrhundertwende die konversionsneurotischen Störungen und die hysterischen Anfälle im Vordergrund standen. Psychiatrische Erkrankungen sind in ganz besonderer Weise von den herrschenden Ideen einer Epoche beeinflußt, sie sind direkte Spiegelungen der philosophischen Grundanschauungen sowie der sozialen, kulturellen und religiösen Situation der betreffenden Zeit und reflektieren die politischen und soziokulturellen Strukturen eines Landes mit eindrucksvoller Deutlichkeit. Die klinische Ausprägung sowie die Inhalte der psychischen Erkrankungen sind von den jeweiligen Traditionen geprägt und variieren von Kultur zu Kultur.

Neben belastenden Umwelteinflüssen scheinen auch konstitutionelle Komponenten für das Auftreten bestimmter Angstbilder von Bedeutung zu sein: Durch Zwillingsstudien kann ein genetischer Einfluß auf die Entstehung von Angstsyndromen erkannt werden. Von eineiigen Zwillingen leiden in 34% der Fälle beide Zwillinge unter starker, diffuser Angst, bei den zweieiigen sind es nur 17%.

Die Angst des Menschen manifestiert sich auf einer körperlichen und einer psychischen Ebene.

Der ängstliche Mensch ist auf der *psychischen Achse* gekennzeichnet durch Veränderungen der Stimmung, des Antriebes, des Bewußtseins und der Wahrnehmung. Der unter Angst Leidende ist gespannt, unruhig, bis zur Panik erregt; seine Aufmerksamkeit und seine Wachheit sind gesteigert, gleichzeitig aber seine Wahrnehmung eingeengt und die Besonnenheit verringert.

Auf der *körperlichen Achse* führt die Angst zu einem sehr komplexen Zusammenspiel zwischen zentralem Nervensystem und Vegetativum.

Bedrohliche, angstauslösende Wahrnehmungen gelangen zur Formatio reticularis, dem limbischen System und dem Hypothalamus; ersteres reguliert die Aufmerksamkeit und das zielgerichtete Verhalten, das limbische System dient u. a. der Integration von Affekten, der Hypothalamus ist eine übergeordnete Stelle und steuert autonome und vegetative Funktionen. Die Aktivierung des Hypothalamus-Nebennierenmark-Systems bedingt einen Anstieg der Katecholamine. Alle diese drei Systeme sind stark vernetzt; bei Störung dieses Gleichgewichtes entsteht Angst, die wiederum über ein Regelkreissystem die Wiederherstellung des Gleichgewichtes zu erreichen versucht. Besonders das limbische System gilt als Schnittstelle für die Integration von Bedrohungswahrnehmung und Bedrohungsreaktion.

Parallel zu den Bemühungen der neuro-anatomischen Lokalisation konnten Neuronenverbände mit spezifischen Neurotransmitter- und Rezeptoreigenschaften identifiziert werden, die am Phänomen „Angst" beteiligt sind.

Die Gamma-Amino-Buttersäure (GABA) verringert die Aktivierung anderer Transmittersysteme und führt schließlich zu einer Angstlösung. Benzodiazepine verstärken diese hemmende Wirkung. Das Gehirn verfügt über eine unterschiedliche Dichte von Benzodiazepin-Rezeptoren: Die angstmindernde Wirkung der Tranquilizer ist vor allem bei Angstsyndromen auf neurotischer Basis gegeben. Bei Angst im Rahmen einer schizophrenen Psychose liegt ein Überschuß an dopaminerger Erregung vor. Die Erfolge der pharmakologischen Therapie legen auch die Annahme nahe, daß bei den Angstsyndromen im Rahmen von Neurosen und Psychosen unterschiedliche Neurotransmitter-Systeme beteiligt sind.

Die bei Angst entstandene Aktivierung des zentralen Nervensystems kann im Elektroenzephalogramm (EEG) durch eine Verminderung der Alpha-Aktivität zugunsten der Beta-Aktivität registriert werden.

Die Manifestationen der Angst im *vegetativen Bereich* sind uns allen bekannt: Der Puls steigt an, die Blutverteilung ändert sich, ebenso die Motorik. Durch den Einsatz entsprechender Messungsverfahren können Veränderungen in den jeweiligen Systemen aufgezeigt werden.

Wie wird nun aus einer bedrohlichen Wahrnehmung das Phänomen „Angst“?

Heute basieren die wesentlichen *Angsttheorien* auf psychoanalytischen oder lerntheoretischen Konstrukten.

Ab 1923 sieht Sigmund Freud die Angst als Leistung des Ich an. In seiner Arbeit „Hemmung, Symptom und Angst“ (1926) bezeichnet Freud das Angstsignal als lebensnotwendige Ich-Leistung, die auf innere oder äußere Gefahrenmomente aufmerksam macht: Die Angst ist also einerseits Erwartung des Traumas, andererseits eine gemilderte Wiederholung desselben. Die Vorwegnahme der Gefahr in abgeschwächter Form ermöglicht Handlungsbereitschaft und die Entwicklung von Lösungsstrategien. Die Signalangst dient somit der aktiven Bewältigung von Gefahrensituationen und fördert die Entwicklung adaptiver und integrativer Ich-Funktionen. Angst und Angstbewältigung ist unerläßlich für die gesunde Reifung der Persönlichkeit. Durch die *Signalangsttheorie* lassen sich – wie Freud 1933 schreibt – „die drei Hauptarten der Angst, die Realangst, die neurotische und die Gewissensangst zwanglos auf die drei Abhängigkeiten des Ichs von der Außenwelt, vom Es und vom Über-Ich beziehen".

Die Angst wirkt auch an der Bildung des Über-Ichs mit, einerseits durch Internalisierung elterlicher Formen der Triebbewältigung, andererseits durch Übernahme von Idealen oder Objektbeziehungsmustern.

Die Ängste, die vom Über-Ich ausgehen, sind vorwiegend durch Schuldgefühle gekennzeichnet und gehen mit Scham- und Minderwertigkeitsgedanken besonders dann einher, wenn der strafende oder überwachende Aspekt des Über-Ichs angesprochen wird. Depressive Menschen neigen besonders häufig zu den letztgenannten Abläufen.

Lerntheoretisch werden Angstreaktionen heute besonders durch klinisch orientierte kognitive Modelle erklärt: Eine gegebene Situation bewirkt dann Angst oder löst eine starke Angstreaktion aus, wenn der Betroffene überzeugt ist, diese nicht lösen zu können, unabhängig davon, ob diese Überzeugung zu recht besteht oder nicht. Es spielen also die Wahrnehmungsverarbeitung und die Einschätzung der Eigenschaften der eigenen Person für das Entstehen der Angst eine große Rolle.

Das Konzept der erlernten Hilflosigkeit wurde ebenfalls in die kognitiv lerntheoretischen Modellvorstellungen eingebaut.

Moderne Konzepte berücksichtigen die objektive Bedrohung genauso wie die Triebimpulse, die genetische Ausstattung und die früheren Lebenserfahrungen des Betroffenen.

Die Bereitschaftshaltung führt zu *Angstbewältigungsmechanismen,* die bei objektiver und bewußt wahrgenommener Bedrohung zu Coping-Strategien, bei unbewußtem, irrationalen Konflikt vorwiegend zu den klassischen Abwehrmechanismen Anlaß geben.

Angstbewältigung ist somit wesenhaft mit der Reifung der Persönlichkeit verbunden: Die kognitive Psychologie spricht von einer „Steigerung der Kompetenz, des Selbstwertgefühles und der Selbständigkeit", die psychoanalytische Literatur von einem „Gewinn von Ich-Stärke".

Angst wird jedoch nicht immer unangenehm erlebt, sehr häufig suchen besonders Jugendliche bewußt gefährliche, angstauslösende Situationen auf. Die Palette reicht von den Eisenbahnsurfern über blind über Autobahnen laufende Jugendliche zu „reanimationssüchtigen Drogenabhängigen", die sich den Goldenen Schuß dann geben, wenn Gewißheit auf Rettung besteht.

Angst besteht als psychopathologisches Symptom bei vielen *psychischen* wie auch *somatischen Erkrankungen,* sie dominiert bei der Angstneurose und der Phobie; Angst kann – zumindest zeitweise – im Vordergrund sowohl bei schizophrenen wie auch bei manisch-depressiven Erkrankungen stehen. Die Angst begleitet den alten Menschen vom Beginn der Abnahme der Hirnleistungsfunktionen an, auch findet sie sich bei diffusen oder lokalisierten Hirnerkrankungen, beim Morbus Parkinson wie bei den Epilepsien.

Die Psychologie beschäftigt sich als die Lehre vom Verhalten und Erleben des Menschen seit ihren Anfängen mit dem Phänomen der Angst, einem Phänomen, das jedem Menschen bekannt ist, unter dem immer mehr Mitbürger in Form von Realängsten, Panikattacken und Angstanfällen leiden. Trotzdem gibt es keine anerkannten Definitionen, alle Definitionsversuche sind heute noch schulenabhängig.

Sigmund Freud gebrauchte „Angst" und „Furcht" als Synonyma und schrieb: „Angst ist ... einerseits die Erwartung des Traumas, andererseits eine gemilderte Wiederholung desselben." Und Krohne formulierte: „Angst läßt sich definieren als ein (emotionaler) Zustand des Organismus, bestimmt durch einen als betont unangenehm erlebten Erregungsanstieg angesichts der Wahrnehmung einer komplexen und mehrdeutigen Gefahrensituation, in der eine adäquate Reaktion des Individuums nicht möglich erscheint."

Ausformungen der Angst

Heute können wir zwischen einem Angstzustand („state-Angst") und einer Ängstlichkeit („trait-Angst") unterscheiden: Die *Angst* oder der *Angstzustand* ist durch Spannungsgefühle, Besorgnis und andere emotionale Reaktionen gekennzeichnet, deren Intensität beim einzelnen Menschen variieren kann: Sie ist ein vorübergehender Zustand einer Person, der meist an bestimmte Situationen, an Prüfungen und besondere Lebensereignisse gebunden ist. Die *Ängstlichkeit* ist demgegenüber als vermutlich genetisch bestimmte Angstdisposition beim einzelnen Menschen eher stabil ausgeprägt, sie erklärt jedoch die von Mensch zu Mensch verschiedene Tendenz, bestimmte Gegebenheiten als mehr oder weniger bedrohlich zu bewerten und darauf mit höherer Angst („state-Angst") zu reagieren (Cattell und Scheier). Spielberger gebrauchte dafür die Ausdrücke „transitorische Angst" und „habituelle Angst". Mit dem von ihm entwickelten Fragebogen konnte schlüssig nachgewiesen werden, daß vor allem Situationen, die eine mögliche Bedrohung des Selbstwertgefühls darstellen, bei ängstlichen Personen zu Angstzuständen („state-Angst") führen; physische Bedrohungen, wie sie chirurgische Eingriffe darstellen, lösen weitgehend identische Reaktionen bei ängstlichen und nichtängstlichen Menschen aus. Diese Beobachtung scheint durch eine unterschiedliche Lerngeschichte erklärbar.

Neben Zustands- und Eigenschaftsängsten muß die *Hintergrundangst* (Breton) genannt werden: Sie ist ein ständig quälendes Gefühl der Schwere oder Angst, das gewöhnlich an einen unbefriedigenden Zustand im Leben des Betroffenen geknüpft ist. Typische Ursachen von Hintergrundängsten sind – neben vielen anderen – der drohende Verlust des Arbeitsplatzes, der Verlust einer nahestehenden Person oder eine unglückliche Ehesituation. Die Hintergrundsangst wird gewöhnlich durch eine Gegebenheit ausgelöst, die für den Betroffenen unkontrollierbar erscheint.

Die drei letztgenannten Ausformungen der Angst stellen *psychologische* Operationalisierungsversuche dar; demgegenüber sind Phobien und Panikattacken *psychiatrische* Begriffe und benennen somit Angstzustände, die als „pathologisch" klassifiziert werden.

Die *Phobie* ist eine spezielle Form der Angst, die den Bedingungen einer Situation nicht angemessen ist, die weder durch Erklärungen noch durch rationale Begründungen beseitigt werden kann, keiner freiwilligen Kontrolle unterliegt und zu einer Vermeidung der gefürchteten Situation führt.

Angst- oder *Panikanfälle* hingegen sind durch eine Reihe von primär körperlichen Symptomen, wie starker, schneller oder unregelmäßiger Herzschlag, Schwindel, Benommenheit, Atemnot, Übelkeit oder Magen-Darmprobleme, Schweißausbrüche, Schmerzen, Engegefühl oder Zittern gekennzeichnet. Im Gegensatz zur Phobie sind es nicht so sehr situative Bedingungen, sondern innere Faktoren, die die Angst auslösen. Den Kern der Angstsymptomatik machen kognitive Symptome wie die Angst vor einem Kontrollverlust oder die Angst vor katastrophalen Konsequenzen wie Tod durch Herzinfarkt aus, es besteht – wie Westphal es schon 1871 bezeichnete – eine „Angst vor der Angst".

Panikattacken unterscheiden sich daher von spezifischen Phobien vor allem durch folgende Faktoren: Die Quelle der Angst liegt häufig in der betroffenen Person selbst und wird durch die „Angst vor der Angst“ verstärkt. Die Angst tritt nicht konstant auf, sondern kann abhängig von Begleitumständen sein. Die Betroffenen erkennen anfänglich häufig nicht, warum sie Panik empfinden: Die Angst ist für sie unvorhersagbar.

Das Verhalten ist meist nicht an einem Modell gelernt und kann infolgedessen auch durch die üblichen Behandlungsmethoden wie die systematische Desensibilisierung nicht behandelt werden. Letztere ist jedoch bei spezifischen Phobien heute die Methode der Wahl.

Versuche, die pathologischen Angstzustände in eine Ordnung zu bringen, führten zu Klassifikationsschemata, die immer noch in Fachkreisen zu Kontroversen Anlaß geben: Auf der Basis einer Krankheitslehre schuf die Weltgesundheitsbehörde das ICD-9, während die Amerikanische Psychiatrievereinigung auf der Basis einer faktorenanalytisch abgeleiteten Operationalisierung das DSM-III-R schuf. Die WHO-Definitionen der Phobie, der Angstneurose und der Zwangsneurose entsprechen den Angststörungen des DSM-III-R. Während also in der internationalen Klassifikation der Erkrankungen (ICD-9) die Phobie, die Angstneurose und die Zwangsneurose unter dem übergeordneten Begriff der „Neurosen“ geführt werden, werden von der Amerikanischen Psychiatrievereinigung im diagnostischen und statistischen Manual (DSM-III-R) unter den „Angststörungen“ die Agoraphobie mit oder ohne Panikattacke, die soziale Phobie, die einfache Phobie, das Paniksyndrom, die generalisierte Angst sowie das atypische Angstsyndrom unterschieden.

Schwierigkeiten in der Klassifikation ergeben sich darüber hinaus aus der Tatsache, daß die Abgrenzung von Angststörungen und anderen Erkrankungen oft sehr schwierig ist: So treten Paniksyndrome, Angstneurosen und Agoraphobien auch im Rahmen von depressiven

Erkrankungen auf, sie finden sich bei vielen zwangsneurotischen Patienten und bei Menschen mit organischen Erkrankungen.

Klassische psychologische Theorien der Angst

Psychoanalytische Schulen sehen die Angst als Ausdruck von unterdrückten Triebregungen an. Nach Ansicht der Lerntheoretiker sind Lernprozesse für die Entstehung und die Aufrechterhaltung von Ängsten verantwortlich. Obwohl die Zwei-Stufen-Theorie von Mowrer in Fachkreisen nicht unumstritten ist, hat sie als Erklärungsmodell für die Entstehung von Phobien auch heute noch Gültigkeit: Angst wird dabei als Phänomen erklärt, welches über die klassische Konditionierung erworben und durch operante Konditionierung aufrechterhalten wird. Die Prüfungsphobie eines Medizinstudenten, die durch eine mehrmals mißlungene Anatomieprüfung ausgeklinkt wurde, wird als klassisch konditioniert angesehen. Das einsetzende Vermeidungsverhalten führt zu einer Angstentlastung: Der Student konfrontiert sich nicht mehr mit der Prüfung und schiebt diese immer wieder auf. Die dadurch entstehende Angstfreiheit wird als kurzfristige Belohnung erfahren, diese wiederum ist die Ursache für weiteres Vermeidungsverhalten. Die Aufrechterhaltung der Phobie ist somit eine operante Konditionierung.

Erwartung und Bewertung wurden auch als die wichtigsten Aspekte für die Erklärung von Angstzuständen genannt: In der Definition von Lazarus und Averill ist Angst eine Emotion, die auf einer Bewertung einer bedrohenden Situation beruht. Die Angst hat somit eine Situations- und eine Reaktionskomponente: Die Erwartung und die Vorwegnahme der Situation in der Vorstellung rufen als Reaktion auf die Antizipation der Bedrohung ein Vermeidungsverhalten hervor.

Inadäquate kognitive Denkmuster, welche im Laufe des Lebens erlernt wurden, werden ebenfalls für die Erklärung von Angststörungen verantwortlich gemacht (Beck). Diese starren und nicht flexibel gehandhabten Denkmuster, die auch Schemata genannt werden, können Auslöserfunktion für einen ersten Angstanfall haben und in der Folge über „kognitive Fehler" zur Ausformung von Panikattacken führen. Als kognitive Fehler gelten unter anderem die „Maximierung" und die „Selektion": Bei der ersten werden minimale Angstsituationen überbewertet, bei der zweiten wird aus einer komplexen Situation ausschließlich das Angstmoment herausgefiltert.

Das psychophysiologische Modell der Angst geht davon aus, daß Streß oder andere Ursachen Anlaß zu physiologischen oder auch kognitiven Veränderungen geben, die vom Betroffenen als unmittelbare Gefahr empfunden werden. Sensationen in jenen Organen, die als lebenswichtig angesehen werden, werden als besonders bedrohlich lebt. Im Vordergrund stehen also interne Angstauslöser; natürlich kann jedoch eine Person auch auf äußere Reize mit einer physiologischen Veränderung reagieren und diese – im Sinne der positiven Rückkoppelung – mit der Vorstellung einer Gefahr verbinden. Diese Rückkoppelungsschleifen führen zu einem weiteren Anstieg der Angst, was letztendlich in einen panischen Angstanfall münden kann. Nach den beiden Forschern Margraf und Schneider ist die positive Rückkoppelung ein Prozeß, der sehr schnell abläuft. An welchem Punkt die Angst in eine echte Panik übergeht, ist jedoch noch ungeklärt.

Gleichzeitig wird versucht, der positiven Rückkoppelung durch negative Rückkoppelung entgegenzuwirken. Dieser Prozeß läuft jedoch langsamer ab und erklärt, warum Angstanfälle erst nach längerer Zeit abklingen.

Negative Rückkoppelungsprozesse sind vor allem jene Strategien, welche zu einer Angstreduktion führen wie das

Neubewerten einer Situation, die Gewöhnung oder auch allein das langsame, richtige Atmen. So steht auch die Korrektur von falschen, irrationalen Interpretationen der körperlichen Symptome im Mittelpunkt des von Markgraf und Schneider vorgestellten Therapieprogramms zur Bewältigung von Angstanfällen.

Psychologische Behandlungsverfahren

Sigmund Freud hat bereits 1940 die Möglichkeiten, mit Hilfe psychoanalytischer Therapie phobisches Verhalten zu beeinflussen, als sehr begrenzt angesehen.

Durch systematische Desensibilisierung und verschiedene Konfrontationsmethoden konnten jedoch Verhaltenstherapeuten in der Behandlung von Phobien ausgezeichnete Erfolge erzielen.

Der Begriff „Reizkonfrontation“ beschreibt Verfahren, bei welchen Menschen mit starker Angst gerade der gefürchteten Situation ausgesetzt oder mit den gefürchteten Objekten konfrontiert werden. Den Patienten wird somit die Erfahrung ermöglicht, die angstauslösende Situation ertragen zu können, da die erwarteten unangenehmen Folgen ausbleiben. Die Gemeinsamkeit dieser Verfahren liegt also in der Konfrontation mit einem konditionierten Stimulus in Abwesenheit von unkonditionierten Stimuli.

Die Technik der Reizkonfrontation kann unterschiedlich gehandhabt werden; die wichtigsten Methoden seien kurz aufgelistet:

die *systematische Desensibilisierung:* Hier ist vor allem die Sammlung und Ordnung der angstauslösenden Stimuli nach dem Grad ihrer Belastung von Bedeutung; es wird somit eine Angsthierarchie erstellt. In einer zweiten Stufe wird die schrittweise Darbietung der angstauslösenden Reize auf der Ebene der Vorstellung (in sensu) durchgeführt, später werden diese Stimuli auch in der Realität (in vivo) vorgegeben. Diese „Darbietung" erfolgt in einem Zustand der Entspannung.

Habituationstraining: Auch hier wird der Angstkranke direkt (in vivo) mit den belastenden, aversiven Situationen konfrontiert, die im Sinne einer Annäherungshierarchie abgestuft dargeboten werden.

Implosion: Die Angstreize werden im Rahmen dieser therapeutischen Methode nur in der Vorstellung, jedoch nun in voller Intensität, ja zum Teil ins Unrealistische übersteigert, dargeboten.

Flooding: Die Patienten werden hier den angstauslösenden Stimuli unmittelbar und reell in höchster Intensität ausgesetzt.

Reizüberflutung: Die Angststimuli werden in diesem Kombinationsverfahren zunächst in der Vorstellung, anschließend in der Realität, immer jedoch in höchster Intensität dargeboten.

Einen Mittelweg zwischen Reizüberflutungsmethode und systematischer Desensibilisierung nimmt die sogenannte *gestufte Reizüberflutung* (Bartling) ein: Dabei werden mehrere Stufen einer Angsthierarchie für eine Übung zusammengefaßt; der Patient wird somit nicht sofort der extremen Angstsituation ausgesetzt.

Die Reizüberflutungsmethoden verlangen eine besonders hohe Sensibilität des Therapeuten und setzen eine tragfähige Therapeut-Patient-Beziehung voraus; der Betroffene muß selbstverständlich seine volle Einwilligung zur Durchführung dieser Therapieform gegeben haben.

Die Tatsache, daß die genannten Angstbehandlungen wirksam sind, dürfte mehrere Gründe haben: Durch die Verhinderung der Vermeidungsreaktion kommt es zu einer Löschung der Angst, durch lange Darbietung der angstauslösenden Reize werden Hemmechanismen in Gang gesetzt. Der Effekt der systematischen Desensibilisierung beruht sicher auf der Kombination einer angstinkompatiblen Handlung, also des Entspannungstrainings, mit der angstbesetzten Situation. Wolpe nannte dies eine reziproke Hemmung. Kognitive Anteile werden mit Sicherheit auch in diesen Konfrontationstechniken wirksam: Das Verharren in der angstbesetzten Situation ermöglicht neue Bewertungen („das ist ja alles gar nicht so schlimm, wie ich es mir vorgestellt habe").

Für *Panikattacken* werden heute Behandlungsprogramme angeboten, die aus 15 Sitzungen bestehen: Die Therapie ist sehr strukturiert und konfrontiert den Betroffenen mit den angstauslösenden Reizen. Neben der Vermittlung von Information, der Erklärung des psychophysiologischen Modells und der Erarbeitung der angstauslösenden Situationen werden konfrontative Praktiken durchgeführt, wie beispielsweise das Fokussieren der Aufmerksamkeit auf angstbesetzte Reize. Im sogenannten Hyperventilationstest versuchen Patienten bewußt, in einen Angstzustand zu geraten; es ist Aufgabe des Therapeuten, diesen provozierten Angstzustand therapeutisch zu bearbeiten. Die dysfunktionalen Denkmodelle werden erhoben, auf ihren Wahrheitsgehalt überprüft und schließlich die Fehlinterpretationen korrigiert. Im Rollenspiel werden positive Selbstanweisungen umgesetzt und soziale Fertigkeiten trainiert; die Patienten werden darüber hinaus auf eventuelle Rückfälle vorbereitet, die durch geeignete Kontrolltechniken besser bewältigt werden können.

Die Ausformung der Angsterkrankung kann sehr unterschiedlich sein, dementsprechend muß die Auswahl der therapeutischen Methoden genau abgestimmt werden: In jedem Fall ist es erforderlich, bei Angstpatienten eine detaillierte Verhaltensanalyse durchzuführen und den diagnostischen Prozeß verantwortungsvoll zu gestalten.

Erste Aufgabe der Verhaltensanalyse ist es, die vom Patienten geäußerte „Angst" näher zu ergründen, sie also differenzierter zu beschreiben. Dies geschieht auf mehreren Ebenen, der emotionalen (Angstgefühl), der motorischen (hektische Bewegungen), der physiologischen (verkrampfte Atmung) und der kognitiven: („Ich halte das nicht mehr aus").

Verhaltenstherapeuten betrachten die Angst eines Menschen unter Berücksichtigung der auslösenden Bedingungen und der nachfolgenden Konsequenzen. So werden die einem Angstanfall vorausgehenden Erwartungen eines Menschen genau erfragt; und die dem Angstanfall folgenden Konsequenzen werden auf ihren Belohnungsaspekt überprüft. Viele Menschen können durch Angstanfälle ihre Umgebung besonders an sich binden und dadurch vermehrte Zuwendung erhalten.

Ziel der Verhaltensanalyse ist darüber hinaus, dem Patienten diese auslösenden und aufrechterhaltenden Bedingungen bewußtzumachen: Der Betroffene wird somit ein genauer Beobachter des eigenen Verhaltens.

Verhaltenstherapeutische und kognitive psychologische Therapiemethoden, besonders die Konfrontationsmethoden in den verschiedensten Formen, besitzen im Vergleich zur pharmakologischen Behandlung die größten Therapieerfolge. Nachuntersuchungen von phobischen Patienten konnten den Beweis erbringen, daß die Erfolge über lange Zeiträume aufrecht bleiben und daß Symptomverschiebungen nicht häufiger auftreten.

Angst, ihre Ursachen, ihre Auslöser, ihre Erscheinungsformen und ihre Beeinflußbarkeit, das alles ist am deutlichsten dort beobachtbar, wo Angst in extremer Form auftritt. Die nicht so auffälligen Alltagsängste, diese also subtileren und besser kaschierten Formen der Angst, steuern jedoch unser Leben in beträchtlichem Maße, sie prägen nach Butollo das Gesicht einer Kultur. Wenn es gelingt, in den Alltagsängsten den irrationalen, den „normal-neurotischen" vom rational begründeten Teil zu trennen, dann ist eine Voraussetzung für realitätsbezogenes und reifes Handeln geschaffen.

Angst durch Religion?

Aus der griechischen Frühzeit kennen wir rituelle Handlungen, die sich an den großen Lebensabschnitten und an den Naturgegebenheiten orientierten. Die Funktion dieser Riten lag in der Abwehr, im Bann und im Erzwingen von Segen. Sehr früh wurde in das Ritual ein Sündenbock eingebunden, der auf griechisch „pharmakos" hieß, während die reinigenden Zaubermittel als „pharmaka" bezeichnet wurden. Beschwörungsformeln bannten die Angst vor der Wiederkehr der Toten. Der Sinn der Riten und der Feste war somit Angstabwehr, Angstbewältigung sowie Gemeinschaftsbildung und -förderung.

Rituale dienen jedoch auch als Legitimation von Machtstrukturen und als Möglichkeit, Gegner abzusondern und auszuschalten. Diese Tendenzen tragen bereits den Keim zu einem Totalitarismus, da sie zur Mentalität des „Anathema sit" führen. Für eine verurteilende und strafende religiöse Gemeinschaft gilt all das, was für andere Machtstrukturen, denen der einzelne Mensch ausgeliefert ist, Gültigkeit besitzt: Es entsteht Angst, Resignation, Hoffnungslosigkeit. Jedes Kollektiv tendiert – von einigen Nuancen abgesehen – ausnahmslos dazu, Gewalt zu mißbrauchen. Machtmißbrauch findet sich somit in allen Sozietäten, Religionen und ideologischen Gruppierungen, auch in unserer Kirche. Exkommunikation, Interdikt und Suspension stellten und stellen immer noch die von der Kirche gegenüber ihren Mitgliedern ausgeübte Disziplinargewalt dar, durch die die Beachtung des von einzelnen Christen erwarteten Verhaltens gewährleistet werden soll. Angst und Furcht entwurzeln aber den Menschen, sie entreißen ihm jeglichen Halt, so daß er sich in Scheinwelten flüchtet: „Timor est fuga" schreibt Aurelius Augustinus, „Furcht ist Flucht".

Man kann im antiken Christentum eine Tendenz zur Welt- und Leibfeindlichkeit schwerlich übersehen. Sie verdankt sich unter anderem dem Einfluß des Gnostizismus und des Manichäismus. Diese beiden Bewegungen erwiesen sich als starke Versuchungen für die Christen der Alten Kirche. Die Großkirche hat sich zwar vehement gegen sie zur Wehr gesetzt, doch ihre Wirkung ist in Ausläufern bis heute zu spüren.

Die – unchristliche – Weltverachtung christlicher Kirchen mündete und mündet ein in Angst und Leidensverliebtheit: Das Leiden wird als unabweisbar, ja sogar als Gnade erlebt, durch die der – oft unnötigerweise – Leidende von Gott ausgezeichnet werde. Soziale und andere vom Menschen erzeugte Nöte werden als ein „Werk Gottes“ betrachtet.

Wiewohl aus dem Satz „Gratia supponit naturam – die Gnade setzt die Natur voraus“ der Auftrag herausleuchtet, die Natur zur Entfaltung zu bringen, auf welcher dann die Gnade aufbauen kann, wird dieses Prinzip gelegentlich dahingehend interpretiert, daß die Gnade auf der geopferten Natur aufbaue. Dies führte zu verhängnisvollen Bemühungen, die Natur zu hemmen, ja – wie Erwin Ringel es formulierte – zu verkrüppeln, um der Gnade die Wege zu ebnen.

Wird aus der Welt- und Leibfeindlichkeit eine Weltverachtung und zeigt diese auch Selbstbestrafungstendenzen, dann muß man hierin Fixierungen von masochistischen Fehlverhaltensweisen sehen, besonders dann, wenn diese Selbstbestrafung noch als ethisch wertvoll und religiös gewinnbringend erklärt wird.

Diese neurotische Lebensverunstaltung mündet ein in Angst, in Selbstschädigung und Selbstzerstörung. Werden ethische Normen und moralische Vorschriften postuliert, die nicht eingehalten werden können, und wird die Übertretung noch mit schweren Sanktionen und der Androhung von drastischen Strafen im Jenseits belegt, so entstehen Angst und ein verkümmertes Leben in Depressionen und Resignation.

Heute erleben wir eine Emanzipation des menschlichen Selbst- und Weltverständnisses aus der Bindung an den christlichen Glauben und gleichzeitig eine neuzeitliche Umformung christlicher Ideen, Wertvorstellungen und Traditionen, deren tiefer Gehalt auch die veränderte Gestalt prägt.

In unseren Ländern ist das öffentliche Interesse an der Kirche und an den Glaubensinhalten rückläufig, nicht jedoch das Interesse an Religion und Transzendenz allgemein. Religionssoziologen haben eine deutliche Verschiebung der religiösen Thematik festgestellt: weg von Institutionen und Amtskirchen, hin zu neuen oder anderen Formen der Transzendenzerfahrung: Privatisierung und Subjektivierung kennzeichnen die Religiosität in den modernen Industriegesellschaften. Die Gemeinschaftsbildung ist nicht mehr dominierend, sie bleibt jedoch als Möglichkeit bestehen. Die Religionszugehörigkeit fußt auf einer prinzipiell zurücknehmbaren persönlichen Entscheidung, dadurch hat das Religiöse in der modernen Gesellschaft vieles von der in der Vergangenheit tragfähigen Selbstverständlichkeit eingebüßt.

Max Weber hat darauf hingewiesen, daß die abendländische Gegenwart im Zeichen einer Rationalisierung des gesamten Daseins steht. Der Mensch wird immer weniger von der Tradition und immer mehr von der Organisation geprägt. Diese Veränderung spiegelt sich auch in der Ausgestaltung psychiatrischer Erkrankungen, die immer in Abhängigkeit von Überzeugungen, Traditionen, Mythologien und religiösen Inhalten zu sehen ist. Im Rahmen einer Langzeitstudie wurden alle 1930 an der Innsbrucker Universitätsklinik für Psychiatrie erstmals Aufgenommenen eingehend untersucht. Vergleicht man die zum Zeitpunkt der Aufnahme bestehende Symptomatik mit jener der am Ende der 80er Jahre erstmalig Aufgenommenen, fällt eine deutliche Abnahme von magisch-metaphysischen Wahninhalten auf. Häufig sind heute physikalische Beeinträchtigungsideen und Verfolgungsgedanken durch Menschen, Mächte und Institutionen: Es spiegelt sich somit das Überwiegen des szientistischen und technologischen Denkstils. Die Angst vor drohendem Weltuntergang wird trotz der gigantischen Möglichkeiten der Selbstvernichtung des Menschen von immer weniger psychisch Kranken gelebt, selten ist auch die angstgetönte Überzeugung geworden, von Geistern besessen zu sein.

Das Überwiegen eines szientistischen Denkstils und die organbezogene Medizin des Westens führten auch zu einer Veränderung des Erscheinungsbildes der Depression: Heute herrschen larvierte Depressionen vor, bei denen Organschmerzen dominieren und die traurig-depressive Verstimmung auch fehlen kann. Depressive Wahneinfälle sind aber in allen Kulturen auf wenige Themen beschränkt, die Kurt Schneider auf die drei Urängste des Menschen bezog: die Angst um die Seele, die Angst um den Leib, die Angst um die Bedürfnisse des Lebens. Darin erscheinen der Schuldwahn, der hypochondrische Wahn und der Verarmungswahn.

Psychiatrische Erkrankungen, selbst deren verschiedene Unterformen, sind allgemein vorkommende menschliche Reaktionsweisen, welche die Begrenzungen zwischen Kultur, Klimazonen, Rassen und Religionen überschreiten. Die Ausgestaltung der Wahnthematik und der Ängste hängt von der kulturellen Tradition und der Religion der entsprechenden Population ab. Ein Schuldwahn fehlt zum Beispiel bei Depressionen in jenen Kulturkreisen, in denen der Druck des Über-Ichs nach außen projiziert wird: Versündigungsideen können nur dort gelebt werden, wo die Vorstellung der Sünde für den Betroffenen einen Bestandteil seines Glaubenssystems darstellt. Hinter all den verschiedenen Ausprägungen menschlichen Leides verbergen sich aber bei allen Völkern identische Grundstörungen.

Im Christentum sehen wir eine Hilfe, um die Sinnfindung des menschlichen Lebens zu ermöglichen, es zeigt die Bedingungen auf, die den Vorstellungen eines wahren Menschentums optimal entsprechen.

Im Alten und Neuen Testament kommt das Wort „Angst" und „ängstigen, ängstlich" nur ca. dreißigmal vor, „Furcht und Fürchten" hundertfünfzehnmal; wesentlich häufiger erscheint das Wort „Freude". In den Psalmen lesen wir „Sei mir gnädig, denn mir ist ängstlich" (31,10); „Du wirst mich vor Angst behüten" (32,7); „Er errettet sie aus ihren Ängsten" (107,6); „Der Herr ist mit mir, darum fürchte ich mich nicht" (118,6). Jesaja ruft: „Sagt den verzagten Herzen: Fürchtet euch nicht" (35,4), und: „Fürchte dich nicht, ich bin mit dir" (41,10).

Am Beginn der Heilsbotschaft lesen wir bei Lukas: „Siehe, ich verkünde große Freude, die allem Volk widerfahren wird"; die verheißene Freude ist das Prinzip der Hoffnung.

Christus kannte wie nur wenige Menschen eine allesumfassende Angst: Angesichts der Kreuzesstrafe, der infernalischsten Erfindung der antiken Justiz und der qualvollsten Marter, die Menschen durch menschliche Grausamkeit erleiden mußten, lesen wir bei Mt 26,37f: „Er zeigte plötzlich Betrübnis und Verzagtheit und sagte dabei zu ihnen: Meine Seele ist zu Tode niedergeschlagen, bleibt hier und wacht mit mir"; dann ging er noch etwas weiter, fiel auf sein Angesicht nieder und betete mit den Worten: „Mein Vater, wenn es möglich ist, gehe dieser Becher an mir vorüber ..." (Mt 26,39). Bei Lukas 22,44 lesen wir: „Sein Schweiß ward wie Blutstropfen, die zur Erde niederrannen"; von der psychosomatischen Forschung wissen wir, daß in größter emotioneller Anspannung Sickerblutungen auftreten können.

Und dieser Christus ruft uns immer wieder zu „Fürchte dich nicht, glaube nur" (Markus 5,36). Fürchte dich nicht: Die Furcht, die Angst, die Not in dieser Welt hören nie auf, es wird immer Ängstliche geben, immer Kranke, immer Notleidende. Wir dürfen nicht müde werden, die Notstände von heute mit den Mitteln von heute zu bekämpfen.

Das Christentum weiß von Bedingungen, unter denen sich ein gesundes, glückliches und psychisch ausgewogenes Leben verwirklichen kann. Der Mensch benötigt eine lustvolle Durchdringung des Lebensraumes, er benötigt dessen Ausweitung und nicht eine Einengung. Unendlich viel Freude und Lebensbejahung finden wir in den Evangelien, in der Apostelgeschichte und den Briefen des Neuen Testaments. Dort lesen wir psychotherapeutische Lehrsätze, die prägnanter noch nicht formuliert werden konnten: „Entmutigt die Kinder nicht, auf daß sie nicht ängstlich werden ... Was seid ihr ängstlich, ihr Kleingläubigen?" Diese Sätze atmen den Geist der Psychotherapie, die wörtlich übersetzt „Seelsorge" bedeutet. Das II. Vatikanische Konzil hat denn auch die Kirche als „Kirche für den Menschen" verstanden: „Freude und Hoffnung, Trauer und Angst der Menschen von heute, besonders der Armen und Bedrängten aller Art, sind auch Freude und Hoffnung, Trauer und Angst der Jünger Christi" (Pastoralkonstitution über die Kirche in der Welt von heute, Nr. 1).

Wo immer die Vision einer solchen, für die Menschen offenen Kirche praktisch gelebt wird, ist sie Verheißung für alle, und Christen werden, ähnlich Josua und Kaleb, durch ihr Verhalten den bedrückten und angstvollen Menschen sagen: „Wenn Gott mit uns war bis hierher, so wird er auch weiterhin bei uns bleiben; habt keine Angst."

Literatur

Bartling, G. (1987), Problemanalyse im therapeutischen Prozeß. Kohlhammer, Stuttgart

Bartling, G./Fiegenbaum, W./Krause, R. (1980), Reizüberflutung. Theorie und Praxis. Verlag W. Kohlhammer, Stuttgart

Beck, A. T./Emery, G./Greenberg, R. L. (1985), Anxiety disorders and phobias – A cognitive perspective. Basic Books, New York

Breton, S. (1989), Angst als Krankheit. TRIAS, Stuttgart

Cattell, R. B./Scheier, I. H. (1961), The meanings and measurement of neurotizism and anxiety. Ronald, New York

Epstein, S. (1972), The nature of anxiety with emphasis upon its relationship to expectancy. In: Ch. D. Spielberger (ed.), Anxiety. Current trends in theory and research. Vol. II, Academic Press, New York

Epstein, S. (1973), Versuch einer Theorie der Angst. In: N. Birbaumer (Hrsg.), Neuropsychologie der Angst. Fortschritte der klinischen Psychologie 3. Urban & Schwarzenberg, München

Fiegenbaum, W. (1988), Long-term efficacy of ungraded versus graded massed exposure in agoraphobia. In: I. Hand/H. U. Wittchen (eds.), Panic and Phobias 2. Springer, Berlin

Fliegel, S. T./Groeger, W. M./Künzel, R./Schulte, D./Sorgatz, H. (1981), Verhaltenstherapeutische Standardmethoden. Urban & Schwarzenberg, München

Freud, S. (1947), Wege der psychoanalytischen Therapie. In: S. Freud, Gesammelte Werke, Band 12. Imago, London.

Freud, S. (1940–42), Hemmung, Symptom und Angst. In: S. Freud, Gesammelte Werke, Band 14. Imago, London

Hand, I./Angenendt, J./Fischer, M./Wilke, C. (1986), Exposure in vivo with panic management: Treatment rationale and long-term outcome. In: I. Hand/H. U. Wittchen (eds.), Panic und Phobias. Springer, Berlin

Hand, I. (1989), Verhaltenstherapie bei schweren Phobien und Panik – Psychologische und medizinische Aspekte. In: I. Hand/H. U. Wittchen (Hrsg.), Verhaltenstherapie in der Medizin. Springer, New York

Klosko, J. S./Barlow, D. H./Tassinari, R. B./Cerny, J. A. (1988), Comparison of Alprazolam and cognitive therapy in the treatment of panic disorder: a preliminary report. In: J. Hand/H. U. Wittchen (eds.), Panic und Phobias 2. Springer, Berlin

Krohne, H. W. (1976), Angst und Angstverarbeitung. Kohlhammer, Stuttgart

Lazarus, R. S./Averill, J. R. (1972), Emotion and cognition: With special reference to anxiety. In: Ch. D. Spielberger (ed.), Anxiety. Current in trends in theory and research, Vol. II. Academic Press, New York

Margraf, J./Schneider, S. (1990), Panik. Springer, Berlin

Marks, I. (1987), Fears, phobias and rituals. Panic, anxiety and their disorders. Oxford University Press, New York

Mathews, A. M./Gelder, M. G./Johnston, D. W. (1981), Agoraphobia: nature and treatment. Guilford Press, New York

Mowrer, O. H. (1947), On the dual nature of learning – a reinterpretation of „conditioning“ and „problem solving“. Harvard educ. Rev. 17, 102

Spielberger, Ch. D. (1972), Anxiety as an emotional state. In: Ch. D. Spielberger (ed.), Anxiety – Current trends in theory and research, Vol. I. Academic Press, New York

Westphal, C. (1871), Die Agoraphobie – Eine neuropathische Erscheinung. Arch. Psychiatrie Nervenkrankheiten 3, 138

Wolpe, J. (1958), Psychotherapy by reciprocal inhibition. Stanford University Press, Stanford, CA

Peter Hünermann

Kirche der Hoffnung – nicht Kirche der Angst!

Eine Consideratio

Die folgenden Ausführungen über die Kirche der Hoffnung, nicht der Angst, werden Consideratio genannt. Ignatius von Loyola gebraucht dieses Wort in seinem Exerzitienbüchlein[1] bei der Einleitung in die zweite Woche. Es geht ihm in dieser Woche um die Erwägung der Lebensgestalten, die der Mensch wählen kann. Er legt dazu Gedanken, Argumente, Beispiele vor. Der Zweck aber ist nicht eine theoretische Einsicht. Das Ziel ist eine Veränderung der Praxis und des Daseins der Menschen, aber aufgrund von Einsichten, Argumenten, Beispielen, Gedanken. In diesem Sinne sind die folgenden Ausführungen zu verstehen. Es geht nicht einfach um eine wissenschaftlich-theoretische Darlegung, sondern durchaus aufgrund biblischer und theologischer Argumente und Gedanken um die Vermittlung der rechten Sicht der Kirche und des rechten Sich-Verstehens in der Kirche, um eine Veränderung der Praxis und des Daseins von uns Christen.

Wenn ich mich hier ausdrücklich auf Ignatius zurückbeziehe, dann ist dies eine Reverenz vor dem Wirken zahlreicher Theologen aus der Gesellschaft Jesu. Ich möchte dabei insbesondere ein Zeichen ehrenden Gedenkens für Hugo und Karl Rahner setzen, deren Theologie mir viel bedeutet hat und deren Auslegung der Exerzitien als einer Schule des Lebens im Glauben und in der Kirche viele, mich auch, in der Hoffnung gefestigt hat.

Kirche der Hoffnung – nicht Kirche der Angst! Der Titel umschließt eine Wesensaussage der Kirche. Kirche ist

[1] Vgl. *Ignatius von Loyola,* Die Exerzitien, übertragen von H. U. von Balthasar, Einsiedeln [5]1965.

ihrer Natur nach durch Hoffnung konstituiert. Hoffnung zu haben, hoffend zu leben ist ein Grundzug von Kirche-sein und von Christsein. Freilich wird das Wesen von Kirche in der Geschichte immer wieder verstellt und verzerrt. Kirche steht ständig in der Versuchung des ängstlichen Sorgens, der Kleingläubigkeit, der Resignation und Furcht. Viele ihrer realen Lebensgestalten in der Geschichte sind davon geprägt. Auf der anderen Seite gibt es eine Furcht, eine Trauer, die die Kirche nicht abschütteln darf. So ist eine sorgfältige, differenzierende Nachzeichnung erforderlich, um zu einer Unterscheidung der Geister in bezug auf unsere gegenwärtige kirchliche Lage zu gelangen. Im folgenden soll zunächst in zwei Schritten Volk Gottes als Kirche der Hoffnung, als Volk der Verheißung charakterisiert werden. Der zweite Teil möchte aus den gewonnenen Einsichten einige grundsätzliche Konsequenzen für das gegenwärtige Leben der Kirche ziehen.

I. Hoffnung und Verheißung – ein Grundzug des Volkes Gottes

1. Von Abrahams Bund an ist das Volk Gottes ein Volk der Hoffnung

Wer über die Kirche nachdenken will, muß mit Abrahams Bund beginnen. Abraham ist unser Vater im Glauben. Von ihm leitet sich das Volk Gottes her. So spricht sich in der Berufungsgeschichte Abrahams (Gen 12) bereits in unerhört dichter Weise das Wesen des Volkes Gottes aus.[2]

Nicht ableitbar aus der voraufgehenden Geschichte, gleichsam abrupt ergeht das Wort Gottes: „Der Herr sprach zu Abram: Ziehe weg aus deinem Land, von deiner

[2] Vgl. *R. Oberforcher*, Glaube aus Verheißung. Aktualität der Patriarchengeschichten, Klosterneuburg 1981.

Verwandtschaft und aus deinem Vaterhaus, in das Land, das ich dir zeigen werde. Ich werde dich zu einem großen Volk machen, dich segnen und deinen Namen groß machen. Ein Segen sollst du sein. Ich will segnen, die dich segnen; wer dich verwünscht, den will ich verfluchen. Durch dich sollen alle Geschlechter der Erde Segen erlangen" (Gen 12,1–3). *Das Wort Gottes eröffnet dem Menschen Zukunft.* Verheißen werden nicht nur Land und Leibesfrucht, die beiden zentralen Güter, um die es dem archaischen Menschen ging. Der Segen, der die Verheißungsworte beschließt, eröffnet eine unabsehbare Weite und Tiefe: „Durch dich sollen alle Geschlechter der Erde Segen erlangen." Abraham läßt sich auf dieses Wort Gottes ein. Sein Ja ist der Glaube. Sein Weg ist der Weg der Hoffnung, des Vertrauens auf diese Zusage seines Gottes.

Die Geschichte des alttestamentlichen Bundesvolkes ist eine Geschichte der sich erweiternden Horizonte der Verheißung und der Hoffnung. Zwar bleiben Land und Kindersegen, die Bewahrung vor Feindesnot und der Friede erhoffte Gaben Gottes. Sie kommen nicht nur in den verschiedenen Bundesschlüssen[3] vor, sie prägen auch das Beten dieses Volkes. „Ich hoffte, ja ich hoffte auf den Herrn. Da neigte er sich mir zu und hörte mein Schreien. Er zog mich herauf aus der Grube des Grauens, aus Schlamm und Morast. Er stellte meine Füße auf den Fels, machte fest meine Schritte. Er legte mir ein neues Lied in den Mund, ein Lobgesang auf ihn, unsern Gott" (Ps 40,2–4). Aber der Blick weitet sich über diese unmittelbaren Güter hinaus. Die Propheten, die Israel in den furchtbaren Gerichten begleiten, in der Katastrophe, die über das Nordreich hereinbricht und in der babylonischen Flut, die das Südreich und Jerusalem verwüstet, sie richten Israels Hoffen auf ein neues und nun umfassendes und endgültiges

[3] Vgl. Gen 9,1–17; 17,1–27, Ex 24,1–18; Dtn 26,16–19.

Heilshandeln Gottes aus.[4] In dieses Heilshandeln werden auch die übrigen Völker ausdrücklich mit einbezogen. Im Motiv der Völkerwallfahrt zum Berg Zion (vgl. Jes 2,2–5) in der Erwartung des Messias die an die Verheißung des David (2Sam 7) anknüpft, wird diese Hoffnung entfaltet (vgl. Jes 9,1–6): „Denn uns ist ein Kind geboren, ein Sohn ist uns geschenkt. Die Herrschaft liegt auf seiner Schulter, man nennt ihn wunderbarer Ratgeber, starker Gott, Vater in Ewigkeit, Fürst des Friedens" (Jes 9,5). Die apokalyptischen Texte (vgl. Dan 4) beziehen selbst den Tod mit ein, wie den ganzen gegenwärtigen Äon (vgl. Jes 26,19).

Diese verheißene und zugesagte Zukunft stellt nicht einfach den rationalen Erwartungshorizont dar, der sich aus den geschichtlichen Erfahrungen der Vergangenheit und Gegenwart ergibt. Es ist eine Hoffnung, die sich im Grunde nur je neu aus der freien Zuwendung Gottes zu ergeben vermag. Sonst wäre sie in sich sinnlos, ungegründet. Insofern trägt das geschichtliche, konkrete Hoffen Israels den Charakter einer Antizipation dieser *verheißenen* Zukunft. Dieses Hoffen umschließt jeweils ein volles Ja und Amen zum lebendigen Gott, der sich Israel eröffnet. In klassischer Weise spricht dies der Ps 25 aus: „Zu dir, Herr, erhebe ich meine Seele. Mein Gott, auf dich vertraue ich. Laß mich nicht scheitern, laß meine Feinde nicht triumphieren! Denn niemand, der auf dich hofft, wird zuschanden; zuschanden wird, wer Dir schnöde die Treue bricht. Zeige mir, Herr, deine Wege, lehre mich deine Pfade. Führe mich in deiner Treue und lehre mich; denn Du bist der Gott meines Heiles. Auf Dich hoffe ich allezeit" (Ps 25,1–5). Dieses Lied und Bekenntnis der Hoffnung bildet den Introitus des ersten Adventssonntags. Die Choralmelodie zeichnet den Aufschwung der Seele nach, die sich auf den Flügeln dieses Gebetes zum Herrn erhebt. So gewinnt der

[4] Vgl. *E. Haßler,* Das Heilsdrama. Der Weg zur Weltherrschaft Jahwes (Jes 40–55) (Religionswissenschaftliche Texte und Studien, Bd. 2), Hildesheim u. a. 1988.

Glaubende die Kraft, nicht alle Ängste aus seinem Leben zu eliminieren, wohl aber in ihnen nicht unterzugehen.

Das menschliche Gewicht, das Glauben, Zutrauen, Hoffen im Volk Gottes gewinnen, wird deutlich am Kontrast. Hoffnung[5] bezeichnet im Griechischen in einer neutralen Weise die Erwartung, den Zukunftsbezug. In seiner nüchternen Art sagt Aristoteles: „Das Gegenwärtige ist Gegenstand der Wahrnehmung, das Zukünftige gehört der Erwartung an und das Vergangene dem Gedächtnis" (Aristoteles, De memoria 1,449 b, 27 f). Es geht ihm darum, den Menschen zu einem möglichst vernünftigen Verhältnis zur Zukunft zu veranlassen, unbegründeten oder falschen Ängsten mit der Haltung der Tapferkeit entgegenzutreten und sich andererseits nicht durch unvernünftige Erwartungen und Begierden fortreißen zu lassen. Furcht und Hoffnung gehören so für ihn, wie für die griechischen Klassiker insgesamt, zu den „pathe", den Affekten der Seele.

Das gilt in gleicher Weise für die Stoa.

Wie werden im Rahmen des alttestamentlichen, von der Hoffnung bestimmten Bundesverständnisses, die Furcht und die Angst gesehen? Die Klagepsalmen, aber nicht weniger die Lob- und Dankpsalmen zeigen, wie das Volk Gottes leidet und geängstigt ist, von Furcht und Schrecken heimgesucht wird.[6]

Diesen Ängsten tritt Israel nicht einfach im Namen eines Tugendideals entgegen. Es schreit zum Herrn um Rettung. Es erfährt von ihm Trost und Stärkung. In Ps 28 heißt es: „Zu dir rufe ich, Herr, mein Fels. Wende dich nicht schweigend ab von mir. Denn wolltest du schweigen,

[5] Zum Begriff „elpis" vgl. *R. Bultmann,* Der griechische Hoffnungsbegriff; *ders.,* der at.liche Hoffnungsbegriff; *ders.,* Der urchristliche Hoffnungsbegriff; alle in: *G. Kittel,* Theologisches Wörterbuch zum Neuen Testament, Bd. 2, Stuttgart 1935, 515/531.

[6] Vgl. *O. Fuchs,* Die Klage als Gebet. Eine theologische Besinnung am Beispiel des Psalms 22, München 1982; *C. Westermann,* Lob und Klage in den Psalmen, Göttingen 1977.

würde ich denen gleich, die längst begraben sind" (28,1). Und dann heißt es im Vers 6: „Der Herr sei gepriesen. Denn er hat mein lautes Flehen erhört. Der Herr ist meine Kraft und mein Schild, mein Herz vertraut ihm. Mir wurde geholfen. Da jubelte mein Herz. Ich will ihm danken mit meinem Lied. Der Herr ist die Stärke seines Volkes, er ist Schutz und Heil für seinen Gesalbten. Hilf Deinem Volk und segne Dein Erbe, führe und trage es in Ewigkeit!" Die Nähe des Herrn stärkt die Herzen.

Gerade weil der Herr der Grund der Hoffnung ist, weil er der Herr seines Volkes ist und seine unverfüglichen Taten den Menschen im wortwörtlichen Sinn ent-setzen, deswegen ist die *Gottesfurcht* ein zentraler Topos im alttestamentlichen Bundesvolk .[7] Die Gottesfurcht ist der Anfang der Weisheit (vgl. Spr 9,10; Ps 111,10). Sie ist der Anfang der Erkenntnis (Spr 1,7). Dies gilt, weil vom Herrn das Leben der Menschen in Wahrheit abhängt. Er erforscht Herzen und Nieren. Ihm sind sie Rechenschaft schuldig. Angerührt vom lebendigen Gott, der der absolute Herr ist, aber ergeht an Israel immer wieder das Wort: Fürchte dich nicht! Dieser Zuspruch erfolgt bei den furchterregenden Erscheinungen Gottes (vgl. Ex 20,20 oder Ri 6,23) ebenso wie als Zusage in allen möglichen schwierigen Situationen. Mose sagt dieses Wort im Namen seines Gottes dem ängstlichen Volk, das auf den nachrückenden Pharao schaut: „Fürchtet euch nicht! Bleibt stehen und schaut zu, wie der Herr euch heute rettet. . . . Der Herr kämpft für euch, ihr aber könnt ruhig abwarten" (Ex 14,13f). Ein wunderbar festes Wort: Bleibt stehen und schaut zu! Ihr braucht nicht das Hasenpanier zu ergreifen.

Thomas von Aquin hat in seiner Summa theologiae II–II aufgewiesen, wie dieser Timor Domini, die Furcht der Kinder Gottes gegenüber ihrem Herrn, eine Gabe des

[7] Vgl. *J. Becker*, Gottesfurcht im Alten Testament (Analecta Biblica, Bd. 25), Rom 1965.

Heiligen Geistes ist. Es ist die erste Wirkung der rechten Gottesverbundenheit die als Moment einer wachsenden Liebe zu Gott zugleich mitwächst, ja selbst in der Seligkeit als ein Moment der Liebe bleibt (vgl. STh. II–II p. 19 a. 7; a. 9; a. 10; a. 11). Diese Zusammengehörigkeit ist deswegen so unauflöslich, weil die wahre Gottesfurcht den Menschen lehrt, daß er von Gott allein abhängt. Sie ist die Kehrseite der wahren Seligkeit geistlicher Armut. Wer von der Gottesfurcht geleitet wird, der hört auf, sich irgendeiner anderen Sache zu rühmen als Gottes allein (a. 12). Ihm ist Gott das Ein und Alles. So ist die Gottesfurcht zugleich jene Stärke, die es den makkabäischen Brüdern ermöglicht, alle Furcht vor Widrigkeiten, ja vor dem Martyrium zu überwinden (vgl. 2 Makk 7). Sie ist eine Furcht, die ihre Freude bei sich hat, weil dieser Gott, der allein zu Fürchtende, der Gott des Bundes ist.

Es sind diese hier skizzierten Grundbeziehungen der Verheißung und der Hoffnung, der Gottesfurcht und der Stärke in Gott, die das Volk zum Volk Gottes machen.[8] Sie gewinnen Gestalt in einer Abfolge von Formen und Institutionen dieses Volkes, die insgesamt im Dienst dieser Grundwahrheit stehen und angesichts sich wandelnder, geschichtlicher Konstellationen verändert, umgeformt, ja aufgelöst werden. Die äußeren Formen des Kultus haben sich in Israel ebenso stark geändert wie die verfassungsmäßigen Formen dieses Volkes: Israel existiert zunächst als loser Sippenverband mit Richtern, dann gewinnt es die Gestalt eines Königtums, schließlich lebt es unter der Dominanz von Fremdvölkern. Nicht etwa, daß Israel diese Formen als dem Glauben äußerlich und indifferent angesehen hätte. Im Gegenteil: In all diesen Formen und Gestalten seines Lebens nahmen der Glaube und die Hoffnung auf Jahwe gleichsam einen geschichtlichen

[8] Vgl. *N. Lohfink*, Beobachtungen zur Geschichte des Ausdrucks „Ham Jahwe“, in: H. W. Wolff (Hrsg.), Probleme biblischer Theologie, München 1971, 275/305.

Körper an. Aber alle diese Formen hatten ihren Sinn und damit auch ihre Geltung nur in der Dienlichkeit gegenüber der Hoffnung und der Gottesfurcht. Erläutern wir dies beispielhaft an der Einführung des Königtums in Israel.

Der Beginn des ersten Buches Samuel schildert die hoffnungslose Lage, in die Israel geraten ist: Der lockere Sippenverband, der sich selbst als Heerbann Jahwes versteht, wird von den Hethitern, die in Form eines Königreiches organisiert sind, heillos geschlagen. Das Volk fordert daraufhin von Samuel einen König (vgl. 1 Sam 8). Samuel widersetzt sich. Mit der Forderung nach einem König verwerfe Israel Jahwe. Samuel hat auf seine Weise recht. Die heidnischen Könige jener Zeit werden als die Erscheinungen ihrer Götter verehrt.[9] Soll Israel jetzt in einem solchen heidnischen Wesen versinken? Das Volk murrt. Schließlich wird Samuel die Weisung zuteil. „Doch höre jetzt auf ihre Stimme!“ (1 Sam 8,9). Samuel selbst salbt Saul. Zugleich aber beginnt in dieser Stunde das Ringen der Propheten mit Israels Königen und dem Volk um eine Neukonzeption des Königtums aus der Perspektive des Glaubens und der Hoffnung auf Jahwe.[10] Die Verwerfung Sauls (vgl. 1 Sam 15,16–35), die Auseinandersetzungen Natans mit David, die prophetische Kritik an den Königen zielen darauf: Der König ist nicht einfach die Erscheinung Jahwes. Er ist der Gesalbte und so der Sohn Gottes, aber dies muß sich in seinem Hören, in seiner Treue zu Jahwe, im Hoffen und Setzen auf ihn allein erweisen.[11] In der dramatischen Begegnung Jesajas mit Ahas findet dieses neue Grundgesetz des Königtums in Israel einen prägnanten Ausdruck. Angesichts der Bedrohung aus dem Norden fordert der

[9] Vgl. *D. Zeller* (Hrsg.), Menschwerdung Gottes – Vergöttlichung des Menschen (Novum Testamentum et Orbis Antiquus), Freiburg i. d. Schweiz 1988.

[10] Vgl. *A. H. J. Gunneweg*, Herrschaft Gottes und Herrschaft des Menschen. Eine alttestamentliche Aporie von aktueller Bedeutung, in: KuD Bd. 27 (1981) 164–179; *W. H. Schmidt*, Königtum Gottes in Ugarit und Israel, Berlin ²1966.

[11] Vgl. *W. Schlisske*, Gottes Söhne und Gottes Sohn im Alten Testament (Beiträge zur Wissenschaft vom Alten und Neuen Testament), Stuttgart 1973.

Prophet Ahas auf, sich ein Zeichen von Gott zu erbitten, als Unterpfand für die Hilfe und Rettung, die Jahwe Israel zuteil lassen wird. Die Antwort des Ahas: „Ich will um nichts bitten und den Herrn nicht auf die Probe stellen" (Jes 7,12). Aufgrund dieser Verweigerung der Hoffnung spricht der Prophet im Namen Jahwes das Verwerfungsurteil über dieses Haus David und verheißt zugleich den Immanuel als Unterpfand einer neuen Hoffnung (vgl. Jes 7,14 ff).

Wie im Königtum umfassen die Lebensgestalten des Glaubens in Israel immer dieses doppelte Moment: Das zeitgeschichtliche materiale Element und das glaubensmäßige bzw. hoffnungsmäßige formale Element. Die großen Krisen Israels ergeben sich immer dort, wo solche geschichtlichen Lebens- und Glaubensformen aufgrund der zeitgeschichtlichen Umstände zusammenbrechen und neue herausgebildet werden müssen. Hier kommt es zu den großen kollektiven Ängsten und Katastrophen, die nur überwunden werden in einem kühnen, wagemutigen Setzen auf den Gott der Verheißung, der in scheinbar ausweglosen Situationen ganz neue Lebensmöglichkeiten eröffnet. Ein großes Beispiel dafür ist etwa die kühne Vision des Propheten Ezechiel. Der Prophet sieht den Thron Gottes auf riesigen, feurigen Rädern von Jerusalem her in die endlose Steppe des Zweistromlandes kommen. Der Tempel ist zerstört, der König in die Verbannung geführt, das Reich vernichtet. Nichts ist geblieben, was Israel als Unterpfand und Form des Glaubens besaß. Nichts? Es bleibt die Zuwendung Jahwes. Er zieht mit seinem Thronwagen nach Babel. Jahwe ist bei den geschundenen Exilierten inmitten des Herrschaftsgebietes der babylonischen Götter (vgl. Ez 1,4–21). Israel ist das Volk des Hoffens auf seinen Gott. Darin hat es seine geschichtliche Existenz.[12]

[12] Vgl. *H. D. Preuss*, Jahweglaube als Zukunftserwartung (BWANT, Bd. 87), Stuttgart 1968, 205–214.

2. Das neutestamentliche Bundesvolk – Volk der eschatologischen Zukunft in Jesus Christus

Mit der Verkündigung Jesu, mit seinem Wirken wird die vorgegebene alttestamentliche Grundstruktur, nach der das Volk Gottes wesentlich Volk der Hoffnung und der Verheißung ist, nicht abgelöst, vielmehr nochmals vertieft. Das Wort vom Reiche Gottes umfaßt ja alles, was Israel nur je an Zuwendung Gottes erhoffte und erwartete.[13] Es ist die unbedingte, konditionslose, alle Sünde und menschliche Gottesverweigerung nochmals untergreifende Zuwendung des Vaters, die Jesus als nun gegenwärtige, hier und jetzt in die Geschichte hereinstehende verkündigt: nicht als ein irgendwann zu erhoffendes, ausständiges Geschehen, sondern als eine Wirklichkeit, die in seinem Wort und in seinem Wirken auf die Menschen zudringt. Von daher empfangen seine drängenden Gleichnisse ihren Sinn, von dorther erschließt sich die Bedeutung seiner Dämonenaustreibungen und seiner Machttaten: „Wenn ich aber die Dämonen durch den Finger Gottes austreibe, dann ist doch das Reich Gottes schon zu euch gekommen" (Lk 11,20).[14]

Selbst die Ablehnung, auf die Jesus stößt, und das sich abzeichnende Todesgeschick bezieht er in diese Sendung mit ein, vom Reiche Gottes Zeugnis zu geben. Als Zeuge des Vaters, mehr noch als der ihm ganz und gar verbundene Sohn, identifiziert er sich auch in diesen dunklen Stunden der Passion ganz und gar mit der Zuwendung des Vaters. So wird sein Sterben zum großen Sakrament der Zuwendung Gottes. In der Selbstdeutung des Leidens, die er im Abendmahl gibt, stehen so zwei Kernaussagen: zum einen die unerschütterliche Zuversicht, daß das Reich

[13] Vgl. *H. Frankemölle,* Jahwe-Bund und Kirche Christi. Studien zur Form- und Traditionsgeschichte des „Evangeliums" nach Matthäus, Münster 1984.

[14] Vgl. *H. Merklein,* Die Gottesherrschaft als Handlungsprinzip. Untersuchung zur Ethik Jesu (Forschungen zur Bibel, Bd. 34), 1978; *R. Nordsieck,* Reich Gottes – Hoffnung der Welt. Das Zentrum der Botschaft Jesu (Neukirchener Studienbücher, Bd. 12), Neukirchen-Vluyn 1980.

Gottes im Anbruch ist, gerade auch in dieser Stunde des Scheiterns und der Todesangst.[15] Lk 22,15f heißt es: „Ich habe mich sehr danach gesehnt, vor meinem Leiden dieses Passamahl mit euch zu essen. Denn ich sage euch: Ich werde es nicht mehr essen, bis das Mahl seine Erfüllung findet im Reich Gottes." In die gleiche Richtung weist das Wort Mk 14,25: „Amen, ich sage euch, ich werde nicht mehr von der Frucht des Weinstocks trinken bis zu dem Tag, an dem ich von neuem davon trinke im Reich Gottes."

Diesem radikalsten Glauben und Hoffen auf das Reich Gottes entspricht – dies ist die zweite Kernaussage – die Selbsthingabe Jesu unter den Zeichen von Brot und Wein zugunsten der vielen. Auf seine Weise und bis ins Äußerste vollzieht Jesus die Bewegung des Vaters, die eschatologische Zuwendung zu den Sündern, mit: „Das ist mein Leib" – „das ist mein Blut, hingegeben für die vielen" (Mt 26,26–28 par; vgl. Jes 53,11 f).

In diesem Sinn ist von der jungen Christenheit die Auferstehung als göttliche Besiegelung dieses Anbruchs des Reiches Gottes verstanden worden. So eröffnet sich von dieser göttlichen und hier und jetzt angehenden, endgültigen und unwiderruflichen Zuwendung her eine neue Weise des Umgangs mit der Welt, eine neue Weise des Lebens miteinander:

Das Volk Gottes, aus Juden und Heiden geeint, (Eph 2,14–16) setzt sein Vertrauen auf Gott, der die Toten lebendig macht und das Nichtseiende ins Dasein ruft (Röm 8,24f). Begabt mit dem Geist, weiß es sich aus dem drohenden Gericht gerettet und mit dem Unterpfand des künftigen Heiles begabt.

Man könnte Paulus einen der großen Sänger dieser christlichen Hoffnung nennen. Sie ist für ihn eine Hoff-

[15] Vgl. *H. Kahlefeld,* Das Abschiedsmahl Jesu und die Eucharistie der Kirche, Frankfurt a. M. 1980; *R. Pesch,* Das Abendmahl und Jesu Todesverständnis (Quaestiones disputatae, Bd. 80, Freiburg i. Br. 1978.

nung, die nicht sieht (Röm 8,24f), weil sie gegen den Augenschein hofft. Insofern nennt er sie Hoffnung wider aller Hoffnung (Röm 4,18). Gleichwohl ist sie unerschütterliches, festes Vertrauen (1Kor 15,19, 2Kor 1,10ff) und verleiht, mit der ihr eigenen Geduld und Festigkeit des Zuwarten-Könnens auf Gott, Freiheit und Freimütigkeit. Diese Hoffnung macht frei von allen Mächten und Gewalten dieser Welt, vom Gesetz ebenso wie vom Tode.[16] Sie verleiht jenen, die diese Hoffnung bezeugen, den Freimut, dieses Wort gelegen oder ungelegen zu verkünden. So bezeichnet Paulus 1 Thess 4,13 die Christen als die „Hoffnung Habenden". Diese Hoffnung ist die reale Lebensdynamik, die aus dem Glauben entspringt und sich in der Liebe auswirkt (vgl. Gal 5,6).

Diese Hoffnung, die Jesus Christus verkündet und mit seinem Tod bezeugt hat, umschließt ihrerseits als Moment die Gottesfurcht. Die Nähe des unendlich gnädigen, zugewandten Gottes läßt die Menschen taumeln. Dies zeigt sich in den Machttaten Jesu: Die Stillung des Sturms (Mk 4,41) überzieht die Herzen der Jünger mit Furcht. Die Heilung des Besessenen (Mk 5,15) ruft einen Schrecken hervor. Die Verklärung des Herrn läßt die Jünger vor Furcht zu Boden sinken (vgl. Mk 9,6; Lk 9,34). Angesichts des leeren Grabes und der Botschaft des Engels fliehen die Frauen vor Entsetzen (Mk 16,8). Und Paulus mahnt den zum Glauben gekommenen Heiden, nicht überheblich zu sein, „sondern fürchte dich!" (Röm 11,20). Obwohl der Glaube die Gottesfurcht und damit den Ernst des lebendigen Gottes zum wesentlichen Moment hat, so ist doch gläubige Existenz nicht von Furcht und Angst bestimmt. „Wir sind also immer zuversichtlich, auch wenn wir wissen, daß wir fern vom Herrn in der Fremde leben, solange wir in

16 Vgl. *H. Hübner*, Das Gesetz bei Paulus. Ein Beitrag zum Werden der paulinischen Theologie (Forschungen zur Religion und Literatur des Alten und Neuen Testaments, Bd. 119), Göttingen ³1982; *G. Nebe*, „Hoffnung" bei Paulus. Elpis und ihre Synonyme im Zusammenhang der Eschatologie (Studien zur Umwelt des Neuen Testaments, Bd. 16), Göttingen 1983.

diesem Leibe zu Hause sind ... Weil wir aber zuversichtlich sind, ziehen wir es vor, aus dem Leib auszuwandern und daheim beim Herrn zu sein“ (2Kor 5,6.8).

Dieser Hoffnung, die die Gottesfurcht umschließt, stehen die mannigfachen Spielarten von Angst und Furcht entgegen, die die Jünger Christi lähmen und sie im Grunde untauglich machen für das Reich Gottes. Jesus geißelt in seinen Gleichnissen ebenso wie in der Bergpredigt das ängstliche Sorgen. Es steht dem großen und freien Atem des Glaubens und des Hoffens im Reiche Gottes entgegen. Er kritisiert die Kleingläubigkeit der Jünger, die an diesem oder jenem Anstoß nehmen und Gott nicht wirklich vertrauen. Die Gebetsparänese im Lukasevangelium zielt ganz darauf hin, die Jünger zur Überwindung dieses Mangels an Zutrauen zu erziehen: „Wenn nun schon ihr, die ihr böse seid, euren Kindern gebt, was gut ist, um wieviel mehr wird der Vater im Himmel den Heiligen Geist denen geben, die ihn bitten“ (Lk 11,13). Dies bedeutet nicht, daß Glaubende nicht von allen Ängsten und Nöten angefochten werden. Aber sie vertrauen auf den, der die Welt überwunden hat (vgl. Jo 16,28).

Von dieser Zuversicht und Hoffnung her, die sich mit dem Anbruch des Reiches Gottes verbindet, kritisiert der Herr die Haltung der Schriftgelehrten und Pharisäer im 23. Kapitel nach Matthäus. Die Weherufe dort sind wie ein Kontrast zu jenen Seligpreisungen, mit denen in Mt 5 das Leben im Reiche Gottes besungen wird. Die Weite und Radikalität der Hoffnung, die Jesus mit der Botschaft vom Reiche Gottes verkündet hat, verträgt keinen Gesetzesdienst, keine Versklavung an den Buchstaben. Sie kann sich nur in der Freiheit und Weite des Geistes entfalten.

3. Die Grundzüge der Kirche entsprechen der eschatologischen Hoffnungsstruktur des Reiches Gottes

Wenn von der Kirche im Epheserbrief gesagt wird, sie sei gebaut „auf das Fundament der Apostel und Propheten ...; der Schlußstein ist Christus Jesus selbst" (Eph 2,20), wenn die Kirche im ganzen als Wohnung Gottes bezeichnet wird, die durch den Geist Gottes und Jesu Christi erbaut wird (Eph 2,22), dann ist deutlich, daß dieses neutestamentliche Bundesvolk weder in sich selbst gründet noch aus sich selbst heraus oder aus der Welt heraus existiert. Kirche lebt aus der in Christus fleischgewordenen, eschatologischen Zuwendung Gottes. So ist sie von ihrem Wesen her das Volk, das durch die eschatologische Hoffnung konstituiert ist. Dies zeigt sich ebenso in den grundlegenden Gaben, die die Kirche als Kirche auszeichnen.

Von den Aposteln gilt, daß sich der erhöhte Herr in ihr Zeugnis selbst hinein erschlossen hat und daß er in der Verkündigung des Evangeliums durch die Apostel selbst präsent wird und die Menschen erreicht. So wird in 2 Kor 4,2 das Verkünden des Wortes Gottes als ein „Erscheinenlassen der Wahrheit" bezeichnet. Nach 2 Kor 4,4 erstrahlt im Wort des Evangeliums die „Herrlichkeit Christi". Heinrich Schlier, der unvergessene Ausleger des Neuen Testamentes, schreibt zu diesem Sachverhalt: „Und das ist das Geschehen, das sich unter dem apostolischen Wort vollzieht, daß Christus darin präsent wird und als solcher dem Hörenden begegnet."[17] Dieses Wort ist der Kirche und jenen, die im Dienst des Wortes stehen, anvertraut und vermittelt in Bewahrung und Auslegung durch sie ebenso die Begegnung mit dem gekreuzigten und erhöhten Herrn in der Kraft des Geistes.

Ein Gleiches aber geschieht in den Sakramenten von Taufe und Eucharistie. Durch das Bad der Wiedergeburt werden die Gläubigen ein für allemal eingepflanzt in den Tod Christi, um mit ihm an der Auferstehung Anteil zu gewinnen (vgl. Röm 6,3–11). Und diese gleiche unmittel-

[17] *H. Schlier,* Wort Gottes. Eine neutestamentliche Besinnung, Würzburg 1958, 44.

bare Verbundenheit gilt auch für die Eucharistie: „Ist der Kelch des Segens, über den wir den Segen sprechen, nicht die Teilhabe am Blut Christi? Ist das Brot, das wir brechen, nicht die Teilhabe am Leib Christi?“ (1 Kor 10,16).

An diesen wenigen Beispielen wird deutlich: Das neutestamentliche Gottesvolk ist gegründet auf das Gottesereignis in Jesus Christus und lebt aus ihm. Dies ist das Fundament jener Gemeinschaft. Sie ist damit wesentlich eschatologische Hoffnungsgemeinschaft, die in Christus das Unterpfand der vollendeten Offenbarung und des alles umgreifenden Heiles besitzt. Kirche ist in diesem Sinne wesentlich eine sakramentale Wirklichkeit.

Das Wie in der Ausgestaltung kirchlichen Lebens ist – analog der alttestamentlichen Heilsgeschichte – durch eine Doppelpoligkeit gekennzeichnet. Das Leben der Kirche vollzieht sich zum einen ganz selbstverständlich in Formen, die den jeweiligen zeitgeschichtlichen Kontexten entstammen. Dabei ist es oftmals schwierig, diese rezipierten Formen so zu transformieren, daß sie zu einem genuinen Ausdruck des wesentlichen, von Jesus Christus und vom Heiligen Geist her bestimmten Lebens der Kirche werden. Es war nicht einfach und keineswegs immer von Erfolg gekrönt – man denke etwa an Franziskus –, mittelalterlichen Fürstbischöfen das Wesen apostolischen Dienstes zu verdeutlichen, mit dem sie betraut waren. Ähnliches gilt für die gesamtkirchliche Ordnung nach der Konstantinischen Wende mit ihrer Versuchung, die Kirche schlicht als Reichsreligion zu verstehen. Die Beispiele ließen sich vermehren. Stets hat die Kirche darum zu ringen, ihr innerstes Wesen als Volk eschatologischer Hoffnung in den konkreten geschichtlichen Formen des Lebens auszuprägen, die sie mit der jeweiligen Zeit teilt. Zugleich bewirkt – ähnlich wie in Israel – der Wechsel solcher zeitgeschichtlich bedingten Formen Glaubenskrisen, weil das, worin der Glaube ganz selbstverständlich seine geschichtliche Inkarnation sah, plötzlich in Frage gestellt wird.

II. Die Kirche von heute zwischen Hoffnung und Angst

Die Kirche ist das Volk Gottes, konstituiert in eschatologischer Hoffnung. Auch die heutige Kirche bekennt sich dazu. Aber indem sich Kirche zu dieser Hoffnung bekennt, lebt sie diese Hoffnung noch nicht. Die Kirche steht ja immer vor der Herausforderung, ihr von Gott her gesetztes Wesen durch ihre Praxis einzuholen und so im Leben zu bewähren. In diesem Sinne ist das Mosaik im Portikus über dem Portal von St. Peter in Rom von höchster Symbolkraft für die Kirche, auch für die Kirche von heute. Das Bild zeigt den Herrn, der über die Wasser schreitet, und das bedrängte Boot mit den Jüngern. Angstvoll streckt Petrus die Hand nach dem Herrn aus. Er zieht ihn heraus aus den Fluten. Das Bild malt die Situation der Kirche in der Geschichte: Es ist eine Kirche, die sich mit Petrus zur Hoffnung des Reiches Gottes bekennt und doch vom Anblick der Wogen der Geschichte zutiefst geängstigt ist. Sie beginnt zu sinken und muß – immer erneut – vom Herrn herausgezogen werden.

1. Was sind die Ängste der Kirche von heute?

Die Kirche ist durchzogen von Ängsten – und man muß sagen: Gott sei Dank! –, die die Ängste dieser Zeit, die Ängste der Menschen und Völker sind. Unsere Gegenwart läßt in vielfacher Hinsicht große öffentliche Ängste erkennen. Es gibt die große Angst vor dem Verderben der Umwelt, den möglichen technischen Katastrophen – von denen Tschernobyl einen gewissen Vorgeschmack gegeben hat –, den möglichen Manipulationen des Menschen und der Lebewesen durch die Technik, die Bedrohung durch die Bevölkerungsexplosion, durch Hunger, Elend, diktatorische Systeme. Diese Menschheitsängste, die von Kontinent zu Kontinent eigentümliche Züge annehmen, sind auch in der Kirche lebendig.

Warum darf man als Christ dafür dankbar sein? Die Väter des II. Vaticanums haben in der Pastoralkonstitution darauf die Antwort formuliert: „Freude und Hoffnung, *Trauer und Angst* der Menschen von heute, besonders der Armen und Bedrängten aller Art sind auch Freude und Hoffnung, Trauer und Angst der Jünger Christi." Gerade weil die Kirche eschatologische Hoffnungsgemeinschaft ist, sind die Angst und die Trauer der Menschen nicht das letzte, sondern lediglich das vorletzte Wort. Aus ihrer Verbundenheit mit dem Herrn vermag die Kirche – gerade in der Betroffenheit und Teilhabe an den Ängsten aller – Impulse der Hoffnung freizusetzen, und dies selbst in scheinbar hoffnungslosen Situationen. Dies ist das eigentlich Erstaunliche und Erfrischende, was uns Angehörige der „alten Christenheit" immer wieder überrascht in der Begegnung mit Christen aus den jungen Kirchen, die sich oft in – menschlich gesehen – aussichtslosen Lagen befinden.

Aber Kirche teilt nicht nur die Ängste der Menschen. Sie ängstigt sich auch um den Glauben, sie hat Angst um sich selbst. Dieses Phänomen scheint vor allem für die Kirche der hochentwickelten Industrieländer zu gelten. Man spürt diese Angst ebenso in Interviews von Kardinälen wie in besorgten Gesprächen am Sonntagvormittag auf dem Kirchplatz nach dem Dorfgottesdienst. Diese Ängste konzentrieren sich im Grunde auf zwei Punkte:

1. Es ist die Angst, die Tradierungsmöglichkeit des Glaubens für die kommende Generation könne restlos verschüttet werden.

2. Es ist die Angst, der Glaube könne völlig verwässert und dem Zeitgeist angepaßt werden.

Liest man die zahlreichen Schriften und Schriftchen, die der traditionalistischen Bewegung in der gegenwärtigen Kirche entstammen, so kann man sich des Eindrucks nicht erwehren, daß weite Kreise dieser Bewegung geradezu aus diesen beiden Ängsten, vornehmlich aus der zuletzt genannten, leben.[18] Es wäre Verblendung, die den genannten beiden Ängsten zugrunde liegenden Sachverhalte nicht zur Kenntnis zu nehmen. Die Weitergabe des Glaubens an die junge Generation ist ungemein schwierig geworden. Jeder Religionslehrer und Katechet kennt dieses Problem nur zu gut. Die Auseinandersetzungen zwischen Eltern und Jugendlichen um die religiöse Praxis legen davon ebenso Zeugnis ab wie ein Blick auf die Kirchenbänke am Sonntag. Hier geht es nicht nur um altersspezifische Schwierigkeiten, die in der Pubertät immer wieder auftreten. Die Anzahl der jüngeren Familien, die sich in den Gemeinden engagieren, an den Gottesdiensten teilnehmen, ist erheblich gesunken. Die Austrittszahlen haben – auch in der katholischen Kirche – deutlich zugenommen. Ein hoher Prozentsatz an Familien, die in Distanziertheit zum Glauben und zur Kirche leben, wünscht für ihre Kinder zwar Taufe und Erstkommunion, von einer Hinführung zum Glauben in der Erziehung, einer Anleitung zum Gebet hingegen findet sich oft kaum eine Spur.

Daß diese Massenphänomene zur Sorge und zu einer kritischen Reflexion Anlaß geben, ist selbstverständlich. Hirten wie Gemeinden wären nicht vom Geiste Gottes bewegt, wenn sie angesichts dieses Zustandes nicht mit Paulus sagen würden: „Ich bin voller Trauer, unablässig leidet mein Herz. Ja, ich möchte selber verflucht und von Christus getrennt sein um meiner Brüder willen, die der Abstammung nach mit mir verbunden sind" (Röm 9,2f). Paulus sagt dies im Hinblick auf seine jüdischen Volksgenossen. Ist ebendieser Satz nicht durchaus berechtigt in Anbetracht der vielen, von Christus und seinem Wort sich distanzierenden Zeitgenossen?

Aber Paulus lebt nicht einfach aus der Angst und Trauer um die Distanziertheit seiner Brüder und Schwe-

[18] Vgl. z. B. *B. J. Dörmann*, Vom Zweiten Vatikanischen Konzil bis zur Papstwahl, in: *ders.*, Der theologische Weg Johannes Pauls II. zum Weltgebetstag der Religionen in Assisi, Bd. 1, Senden i. Westf. 1990, 27–50.

stern, er lebt aus der Zuversicht der Heilsverheißung für sein Volk und der unerschütterlichen Treue Gottes zu seinem Wort. Damit beschönigt er die Situation nicht. Trauer und Sorge begleiten ihn, aber auch den Ungehorsam Israels gegenüber dem Wort Gottes in Jesus Christus sieht Paulus noch einmal unterfangen vom erbarmenden Heilswillen des Höchsten (vgl. Röm 11,25–36). Muß diese eschatologische Heilshoffnung nicht auch die Gläubigen aus den Heiden im Hinblick auf ihre ungläubigen Brüder und Schwestern beseelen? Bekennt die Kirche nicht Tag für Tag, daß der Herr auch für sie gestorben ist? Das Blut Christi ist auch ihnen zugunsten vergossen, und diese Gunst kann niemand wegschaffen. Sie ist siegreich und wirksam. „Denn wie der Regen und der Schnee vom Himmel fällt und nicht dorthin zurückkehrt, sondern die Erde tränkt und sie zum Keimen und Sprossen bringt, wie er dem Sämann Samen gibt und Brot zum Essen, so ist es auch mit dem Wort, das meinen Mund verläßt: Es kehrt nicht leer zu mir zurück, sondern bewirkt, was ich will und erreicht all das, wozu ich es ausgesandt habe“ (Jes 55,10f). Durch diese Hoffnung werden Trauer und Sorge nicht weggewischt, sie werden vielmehr zur Gottesfurcht umgeformt: Zur Erfahrung der eigenen Armut und Unzulänglichkeit, der Angewiesenheit darauf, daß Gott selbst die Tür öffnen muß (vgl. Offb 3,8).

Die Transformation von Angst in Gottesfurcht, gerade vermittels der Hoffnung, bewahrt ebenso vor Resignation wie vor blindem Aktionismus. Die Gottesfurcht gibt die innere Distanz frei zum kritischen Blick auf die bisherige Art der Verkündigung und Pastoral, sie eröffnet auch die Freiheit zu neuen Konzepten und Überlegungen.

Ganz ähnliches gilt hinsichtlich der Angst um die Verwässerung des Glaubens in der Gegenwart. Nennen wir auch hier zunächst einige Fakten. Es hat zweifellos in den zurückliegenden zwei bis drei Jahrzehnten ein Transformationsprozeß in der Kirche stattgefunden. Paul VI. widmete seine Antrittsenzyklika[19] dem Thema des Dialoges. Im Gegensatz zur voraufgehenden Epoche, die bis zu Pius XII. reichte, trat die Kirche jetzt in einen Dialog mit den Kirchen des Ostens und der Reformation ein. Ein solcher Dialog war vorher immer zurückgewiesen worden. Ebenso ergab sich von den Zeiten des Konzils ab ein Gespräch mit dem Judentum und den großen Religionen. Johannes Paul II. hat diese Kontakte und Begegnungen gerade mit den Vertretern der verschiedenen Religionen in intensiver Weise fortgesetzt und vertieft.

Es ist auch keine Frage, daß für viele katholische Christen daraus erhebliche Fragen hinsichtlich der Absolutheit des Christentums, der Endgültigkeit der Offenbarung und der wahren Gottessohnschaft Jesu Christi entstanden sind. Der überlieferte Typus der Mission wurde in Frage gestellt. Die Frage nach den Heilswegen von Nichtchristen wurde ganz neu aufgerollt.

Die Öffnung für die Ökumene und das Gespräch mit den Religionen war begleitet von der Anerkennung der Religionsfreiheit und der kirchlichen Favorisierung der pluralistischen, demokratischen Gesellschaftsformen. Auch darin manifestiert sich ein Wandlungsprozeß im kirchlichen Selbstverständnis, wenn man etwa an die kirchlichen Verlautbarungen vom „Syllabus“[20] an denkt. Allerdings vollzog sich hier der Übergang schrittweise und damit „sanfter“. Aufgrund der Erfahrung des Zweiten Weltkriegs und der Bedrohung des Friedens durch totalitäre Staaten optierte bereits Pius XII. eindeutig für eine demokratische Verfassung der Staaten.[21]

Im Zusammenhang damit haben sich zwei für den Glauben nicht unerhebliche Sachverhalte erheblich verän-

[19] Vgl. *Paul VI.*, Enzyklika „Ecclesiam suam“ vom 6. August 1964.
[20] Vgl. DS 2901–2980.
[21] Vgl. die Enzyklika „Summi pontificatus“ (DS 3780–3786) vom 20. Oktober 1939.

dert: das Verhältnis von Amt und Autorität zu den einzelnen und den Gemeinden. Das Bewußtsein der Mündigkeit, der Anspruch, von der Basis her mitzureden und auf die Entscheidungen der Kirche Einfluß zu nehmen, ist unübersehbar. Eine Fülle von rechtlichen Neubestimmungen trägt dem Rechnung: Von den Bischofssynoden und den Bischofskonferenzen bis zu den Gemeinderäten haben sich Veränderungen ergeben. Ist damit die sakramentale Amtsstruktur nicht beeinträchtigt? Gilt das Wort „Wer euch hört, hört mich" (Lk 10,16) nicht mehr? Ein letzter gewichtiger Punkt der Transformation betrifft das Profil des von den einzelnen und den Gemeinden praktizierten Ethos. Die anerkannten und auch von Katholiken bejahten Verhaltensmuster haben sich gegenüber der Zeit vor vierzig oder fünfzig Jahren erheblich gewandelt. Hat hier nicht schlicht Anpassung an den Zeitgeist stattgefunden? Wer mit Paulus sagt: „Ich sehe alles als Verlust an, weil die Erkenntnis Christi Jesu, meines Herrn, alles übertrifft. Seinetwegen habe ich alles aufgegeben und halte es für Unrat, um Christus zu gewinnen" (Phil 3,8), der wird und muß in solchen Transformationsprozessen auch in Sorge um die Reinerhaltung und Bewahrung des Glaubens sein. Aber auch hier gilt, daß die Sorge nicht zur alles bestimmenden Angst werden darf, sondern in der Hoffnung und Furcht Gottes allein ihren angemessenen Ort besitzt.

2. Einige Anmerkungen zur Unterscheidung der Geister

Die vorgetragenen Überlegungen zu den Kernfeldern der Angst in der Kirche haben bislang lediglich eine grundsätzliche Antwort erfahren: Die begründeten Sorgen und Nöte können nur im Sinne der Gottesfurcht wahrhaft christlich getragen werden, nicht im Sinne einer alles bestimmenden Angst. Es sollen im folgenden wenigstens Hinweise zu den Ursachengeflechten gegeben werden, die den angedeuteten Transformationsprozessen zugrunde liegen. Damit soll zugleich ein Beitrag zur Unterscheidung der Geister geleistet werden. Nur aus Differenzierungen ergibt sich die Möglichkeit, das Wesentliche von Glauben und Kirche, von den jeweils geschichtlich bedingten Realisations- und Tradierungsformen zu unterscheiden und so eine Orientierung zu gewinnen, in welche Richtung der Geist die Kirche auf ihrem Weg weist.

Karl Rahner hat den Schritt des II. Vaticanums mit dem Eintritt der zunächst judenchristlichen Gemeinden in die Welt des Hellenismus verglichen. So wie damals Glaube und Kirche in eine neue Welt hineingewachsen seien, so habe die Kirche unserer Jahrzehnte den Schritt von der mediterranen europäischen Tradition in die plurale, multikulturelle Welt von heute vollzogen. Man wird hinzufügen müssen, daß die Welt des Menschen, verglichen mit der zur Zeit des I. Vaticanums, sich heute wie ein neuer Lebensraum präsentiert. Obwohl die Grundlagen von Wissenschaft, Technik, moderner Wirtschaft, neuzeitlichem Informationswesen im 19. Jahrhundert bereits gelegt waren, hätte sich niemand die heutigen, veränderten Verhältnisse träumen lassen. Die Geschwindigkeit dieser gesellschaftlichen, wissenschaftlichen, technischen Umwandlungsprozesse hat sich inzwischen nochmals so beschleunigt, daß der gegenwärtige Erfahrungshorizont und der Zukunftshorizont sich nicht mehr überlappen. Wer kann sagen, wie die Welt in zwanzig Jahren aussehen wird? Das Wort von der Geschichte als Lehrmeisterin des Lebens, das über Jahrhunderte unangefochten galt, ist obsolet geworden. Von daher hat Tradition als Orientierungswissen ganz generell viel von ihrer Autorität eingebüßt. Der heutige Mensch hat ein distanziertes Verhältnis zu früheren Lebensformen und zur überlieferten Lebensweisheit. Hier scheint einer der wichtigen Gründe dafür zu liegen, daß Glaubenswahrheiten von jungen Leuten häufig nur wie historisches Informationswissen rezipiert werden, das schnell wiederum vergessen wird. Nur langsam entdeckt die moderne Gesellschaft ihre

Angewiesenheit auf menschliche Tiefenerfahrungen, aus denen die langfristigen Wertorientierungen entspringen. Für die pastorale Praxis und die Weitergabe des Glaubens resultiert daraus, daß man nicht einfach auf die traditionelle Vermittlung des Glaubens in der Familientradition setzen kann. Geduldige Bemühungen um die einzelnen und die kleinen Gruppen, Hinführung zur persönlichen Bekehrung sind unumgänglich.

Die relativ geschlossenen katholischen Subkulturen, die im 19. Jahrhundert aufgebaut wurden und zur Bewahrung eines Milieukatholizismus führten, sind aufgebrochen worden. Sie bilden kein Paradigma für die Zukunft mehr. Von daher ist ein gründliches Überdenken der pastoralen Praxis, insbesondere der Sakramentenpastoral, unabdingbar. Es ist sicher, daß die Kirche aus einer solchen geduldigen pastoralen Arbeit mit der kommenden Generation ein neues Gesicht gewinnen wird. Aber besteht nicht die Verheißung des Geistes darin, daß er das Antlitz der Erde, auch das Antlitz der Kirche erneuern wird? In diesem Sinne wäre es höchst wünschenswert, wenn die europäischen Kirchen den Tiefgang jener „Option für die Jugend" entdecken würden, welche der lateinamerikanische Episkopat an die Seite der Option für die Armen gestellt hat.[22]

In den angesprochenen gesellschaftlichen Großprozeß gehören auch die vielfach Ängste auslösenden Verhaltensänderungen der katholischen Kirche in bezug auf die übrigen christlichen Kirchen und kirchlichen Gemeinschaften sowie die Religionen. Daß die geschrumpften Distanzen, die umfassende Information, aber auch das Aufeinanderprallen der unterschiedlichen Optionen und religiösen Weltsichten im Blick auf die großen gemeinsamen Welt- und Menschheitsprobleme einen Dialog ermö-

[22] Vgl. das Dokument der 3. Generalversammlung des lateinamerikanischen Episkopats in Puebla (Mexiko) „La evangelización" vom 13. Febr. 1979.

tigen, liegt auf der Hand. Daß christlicher Glaube – über solche Notwendigkeiten hinaus – verpflichtet, alles Erdenkliche zu tun, um die Einheit der Christen zu fördern, ist selbstverständlich. Daß das II. Vaticanum mit dieser Öffnung für den ökumenischen Dialog keinem verwaschenen Glaubensrelativismus das Wort geredet hat, kann aus dem Ökumenismusdekret unschwer entnommen werden. Daß es in diesem ökumenischen Dialog nicht nur um das reine Wort Gottes geht, sondern vielfach kulturelle Differenzen, hier und dort ein schierer Selbstbehauptungswille und andere allzu menschliche Motive eine Rolle spielen, ist ebenso offenkundig. Als Schwierigkeit kommt hinzu, daß die traditionellen theologischen Differenzen heutigen Christen vielfach schwer zu vermitteln sind, so daß sie die Unterschiede mehr an äußeren Lebensformen festmachen. Trotz dieser Schwierigkeiten und wechselseitiger Irritationen darf die verpflichtende Weisung Jesu Christi zur Einheit nicht ausgehöhlt werden. Hier wächst in der Kirche unserer Tage eine Frucht heran, die sicherlich dem Wirken des Geistes entsprungen ist.

Dieselbe Liebe Christi, die zur Offenheit und zum ökumenischen Dialog drängt, bewegt die Kirche aber auch zum Gespräch mit den Religionen, zu einem Dialog, der nicht nur den einzelnen Angehörigen dieser Religionen gilt. Im Blick auf diesen Dialog wird in der Erklärung über das Verhältnis der Kirche zu den nichtchristlichen Religionen sorgfältig differenziert. Es wird ein Unterschied gemacht zwischen dem, „was in diesen Religionen wahr und heilig ist", und jenen „Handlungen und Lebensweisen, Vorschriften und Lehren, die [...] in manchem von dem abweichen, was sie [die Kirche] selber für wahr hält und lehrt". Es leuchte in den Religionen nicht selten ein „Strahl jener Wahrheit" auf, „die alle Menschen erleuchtet".[23]

[23] Erklärung des Zweiten Vatikanischen Konzils über das Verhältnis der Kirche zu den nichtchristlichen Religionen „Nostra aetate", Art. 2.

Während ersteres anerkannt wird, wird in bezug auf jene übrigen Sachverhalte gesagt, die Kirche betrachte sie „mit aufrichtigem Ernst". Gerade weil die Kirche sich selbst gesandt weiß, Christus, den Weg, die Wahrheit und das Leben zu verkünden, „in dem die Menschen die Fülle des religiösen Lebens finden, in dem Gott alles mit sich versöhnt hat", mahnt sie ihre Söhne und Töchter, daß sie *durch* das „Zeugnis des christlichen Glaubens und Lebens jene geistlichen und sittlichen Güter und auch die sozial-kulturellen Werte, die sich bei ihnen [den anderen Religionen] finden, anerkennen, wahren und fördern".[24] Dieses Wort dürfte deutlich machen, daß der Weg in den Dialog mit den Religionen als Weg in ein tieferes Ausloten des Christusgeheimnisses hinein verstanden wird. Daß dieser Weg kein leichter, glatt gebahnter Weg ist, vielmehr von Verstehensschwierigkeiten und möglichen Mißverständnissen immerfort beeinträchtigt wird, darf niemanden überraschen. Aber waren die Wege der frühen Kirche, waren die Wege des Petrus und Paulus einfacher?

Eine letzte Anmerkung sei dem gewandelten Autoritätsverständnis und dem damit einhergehenden Bewußtsein von der Mündigkeit der Laien wie auch den Phänomenen des Ethos gewidmet. Klaus Schatz hat in einer minuziösen Untersuchung der Geschichte des Primates[25] aufgewiesen, in welchem Ausmaß zeitbedingte Formen der Autoritätsausübung auf die Deutung des Petrusdienstes im Verlauf der Geschichte jeweils eingewirkt haben. Es würde von einem völlig geschichtsfernen, utopischen Glaubensverständnis zeugen, wenn man meinte, die tiefgreifenden sozialen und gesellschaftlich-öffentlichen Transformationsprozesse im Autoritätsverständnis würden keine Rückwirkung auf das Verhältnis von Amtsträger und Gemeinden in der Kirche der Gegenwart haben. Nicht daß

[24] Ebd.

[25] Vgl. *K. Schatz,* Der päpstliche Primat. Seine Geschichte von den Ursprüngen bis zur Gegenwart, Würzburg 1990.

hier überhaupt Wandlungen geschehen, ist besorgniserregend; zu fürchten wäre allein, wenn in der Herausbildung neuer Stile und Formen in der Ausübung des amtlichen Dienstes und im Verkehr mit dem Volke Gottes die Wahrheit verdunkelt würde, daß Christus der Eckstein ist und daß er durch die Amtsträger spricht, wie er auch das Haupt, die Würde und Krone dieses Volkes Gottes ist.

Analoges ist vom Wandlungsprozeß im Ethos zu sagen. Auch hier zeigt eine nähere geschichtliche Betrachtung der jeweils vorwaltenden Ethosformen, daß die zeitgeschichtlichen Einflüsse jeweils sehr groß sind. Dies hängt damit zusammen, daß der Glaube zwar Orientierungen für die Gestalt des Ethos gibt. Aber in bezug auf die Alltagspraxis forderte bereits Paulus die Thessalonicher auf: „Prüft alles, behaltet das Gute!" (1 Thess 5,21). Die Einsichten in Werte und Wertzusammenhänge, die Einsicht in die Ratio boni, geschieht in einem großen, zwischenmenschlichen Kommunikations- und Erfahrungsfluß. Daß es hier zu zeitgeschichtlich bedingten, partiellen Blindheiten kommen kann, zu breiten gesellschaftlich verfestigten Meinungen aufgrund von Pseudoargumentationen, ist bekannt. Die Wandlung an sich ist darum nicht das eigentlich Besorgniserregende, sondern die in kritischer Glaubensreflexion zu klärende Frage, wo und wie etwa orientierende Grundwerte des Glaubens in den konkreten, gesellschaftlich rezipierten Ethosgestalten verdunkelt bzw. wo pseudoethische Begründungen vorgetragen werden, die die Menschen dem Willen Gottes und ihrer eigenen Würde entfremden.

Die Kämpfe um die Bezeugung des Glaubens sind für die Kirche nie leicht. Die neutestamentlichen Briefe bezeugen dies einstimmig (vgl. Eph 6,12–20 u. ö.). Aber nicht Kleinglaube oder Angst rettet die Kirche, sondern die Hoffnung, die nicht zugrunde gehen läßt (vgl. Röm 5,5).